利益と節税効果を最大化するための

収益物件活用Q&A50

大谷義武
Yoshitake Ooya

幻冬舎 MC

利益と節税効果を最大化するための
収益物件活用Q＆A50

はじめに

我が国の人口減少および財政問題、相続税の増税をはじめとした個人資産に対する課税強化など、日本人の間で強まる将来への不安を背景に、副収入や節税の目的で収益物件を取得する人が増えています。

賃貸アパート・マンションなどの収益物件を活用すれば、安定した賃料収入が得られ、いざというときには売却して利益を得ることができます。また減価償却資産として法人税・所得税を圧縮したり、相続税評価を低く抑えたりすることで、節税にも高い効果を発揮します。しかも株などと異なり借り入れで運用できるメリットもあるため、法人や個人で多額の資産を所有する人、収入の高い富裕層にとっては、資産を守り、増やすために最適なツールとなっているのです。

ただし、収益物件のオーナーさんすべてが高い利益や節税効果を得られているわけではありません。入居者がつかず収支が悪化して借り入れの返済に追われる、売却しようにも買い手がなく安く買い叩かれて差損が出る――。転売すれば儲かるような物件は今ではほとんど手に入らないため、賃貸経営に失敗すると途端に負の資産に変わってしまいます。

収益物件の活用に関するノウハウは、書籍やウェブなどのメディアに溢れています。ただ、そのほとんどが教科書的な理論の解説、あるいは個人投資家の特殊な成功体験をなぞるものであり、売買取引や管理運用の細かな実態は知ることができません。しかし、一つひとつの取引の仕方や運用時の判断の積み重ねで、得られる利益や節税効果は大きく左右されてしまいます。

たとえば、立地のいい中古物件が借地権付きだったら、どのように考えるべきなのか。買うべきではないといわれる地方の物件は、購入対象から除外するべきなのか。中古物件の「入居率」や「レントロール」の数字はどのように捉えればいいのか。物件を取得するだけでも、実際に取引をしようとすれば書籍には書いていない局面も多く訪れます。

また、ローンを組む際にも連帯保証人の有無や、金利や借入期間の設定の仕方などによって、資金繰りは良くも悪くもなります。

さらに管理運営においても、入居者が孤独死してしまったり、悪質な滞納者が発生したりすれば途端に収支が悪化しますし、複雑な税務上、想定していなかった額の税金がかかってしまって手元にキャッシュが残らないといった事態も起こり得ます。

これらは収益物件のオーナーさんが経験する様々なことの、ほんの一例にすぎません。

次々に「想定していなかったこと」が発生し、判断や対処を誤ればその度に利益も節税効果も失われてしまうのです。不測の事態で賃料収入が突然減少するなどして、あっという間に数千万から数億円という投資が無駄になってしまう、さらには損失を出してしまうことさえあります。

巨額の資金や借り入れを必要とする収益物件の活用は、失敗しながら学んでいこうと言っていられるほど悠長なものではありません。しかし実際は、前述したように経験しなければ分からないことばかり。数棟の物件を所有しているオーナーさんにとっても、まだまだ「未知の世界」だといっても過言ではないのです。では、こうした失敗のリスクを、事前に回避することはできないのでしょうか。

私は収益物件を中心に富裕層の資産運用をサポートする会社の代表として、収益物件の売買、賃貸管理に携わってきました。現在までに約600棟の取引・約8000戸の賃貸管理を現場で経験してきました。平成17年の創業以来、毎年取引の数を増やしてきましたが、物件のエリアも建物も入居者も千差万別のなかでオーナーの皆様からあらゆる相談を受け、試行錯誤しながらノウハウを蓄積してきました。その経験から断言できるのは、他のオーナーさんたちが経験してきた様々な悩み・課題とその対処方法を知ることが、収益物件の利益と節税効果を最大化するためには不可欠だということです。

将来何が起こるかなど誰にも正確には分かりませんし、経験の少ないオーナーさん個人があらゆるケースを想定することも現実にはできません。そこで本書では、収益物件活用に長く、数多く携わっているからこそ知り得る実践的なノウハウを50のQ&A形式で分かりやすくまとめました。物件選びから資金調達、管理運用、節税、そして売却までの各段階に分けて、多くのオーナーさんが直面してきた疑問や悩みに答えを提示しています。あくまでも現場での取引で経験したことがベースです。あらゆるオーナーさんが経験する実際の問題について、ここまで網羅的かつ実践的に答えている書籍はないと自負しています。

本書と併せて拙著『オーナー社長のための収益物件活用術』（幻冬舎メディアコンサルティング）をお読みいただければさらに理解が深まると思いますので、ご興味あればぜひお読みください。

本書が、収益物件を活用する皆さんに新たな知識や気付きを提供し、利益の最大化と節税効果をさらに高め、資産をよりよく運用し、「人生の安定」を手に入れる一助になるならば、それに勝る喜びはありません。

大谷義武

第2章 長期・低金利の好条件で融資を引き出す融資編Q&A

第3章 事故・トラブルをスムーズに解決して機会損失を防ぐ管理運営編Q&A

第5章　物件の最適な売り時と売り方を見極める出口戦略編Q&A

序 章

収益物件の活用で、会社と個人のお金を未来に残す

◆安定した資産運用には収益物件が最適

たとえ現在高収入を得ている人であっても、将来のお金に対する不安は尽きることがありません。経営者であれば企業の利益を出し続けることは容易ではないうえに、苦労して利益を出しても高額な課税が待ち構えています。さらに、わが国では人口減少が進み、財政問題も加わって年金がもらえないかもしれず、将来の不安は募る一方です。

こうした中で資産を守り、未来に残していくためには、効果的な資産運用が不可欠です。資産運用の手段には、預貯金をはじめ株式投資や投資信託など様々な選択肢がありますが、安定的に資産を残すという点では、収益物件の活用が最も適していると断言できます。

その理由は、大きく三つあります。一つ目は、物件購入のための資金を銀行から借り入れることができる点です。極端にいえば、自己資金を一切持ち出さなくても収益物件は取得できます。原則的に銀行は株や投資信託といった金融商品を買うための資金は貸してくれません。

二つ目は、成果をある程度コントロールできる点です。株式や投資信託といった他の金融商品では自分で価格をコントロールすることはできません。しかし収益物件はやり方に

安定した資産運用に収益物件が適している
3つの理由

理由1　銀行から借り入れることができるため
自己資金が必要ない

理由2　ポイントを押さえれば成果をある程度
コントロールできる

理由3　他人に運用を任せて
本業に専念できる

よって、たとえば入居率を高める等ポイントさえ押さえれば、損失を被る危険性は最小限に抑えることができます。他の金融商品と比較して自分の力がある程度及ぶ投資であるといえるのです。だからこそ、しっかりとした知識が必要となります。

　三つ目は、収益物件活用を投資ではなく経営として考えた場合、他人に任せた運用が可能な点です。たとえば副業で飲食店を経営する場合、人件費がかかるうえに、膨大な時間も割かなければなりません。何よりも人の管理が最も大変です。その点、収益物件活用はすべての業務をアウトソーシングできるので、忙しいオーナー社長であっても、本業に専念することが可能です。

◆収益物件の運用で期待できる4つの効果

収益物件を活用すれば、以下の4つの効果が得られます。

① 副収入効果

全額借入で取得したとしても、賃料収入から物件にまつわる経費、金融機関への返済を差し引いたうえで、なおキャッシュフローが手元に残る仕組みが構築できます。しかも、その賃料収入は毎月安定したものなので高い効果があります。ただし、そのときの相場や物件の立地によって利回りが低いと、なかなか副収入は得られません。

② 貯蓄効果

毎月の賃料収入から元金を返済していくことで、いざというときに物件を売却した際、手元に残る現金を増やすことができます。つまり、元金の返済が「貯蓄」としての側面を持つということです。

③ 保険的効果

収益物件を取得する際には、団体信用生命保険に加入することができます。一般的には1億円が上限ですが、金融機関によっては3億円までかけることが可能です。経営者に万

収益物件活用で期待できる 4つの効果

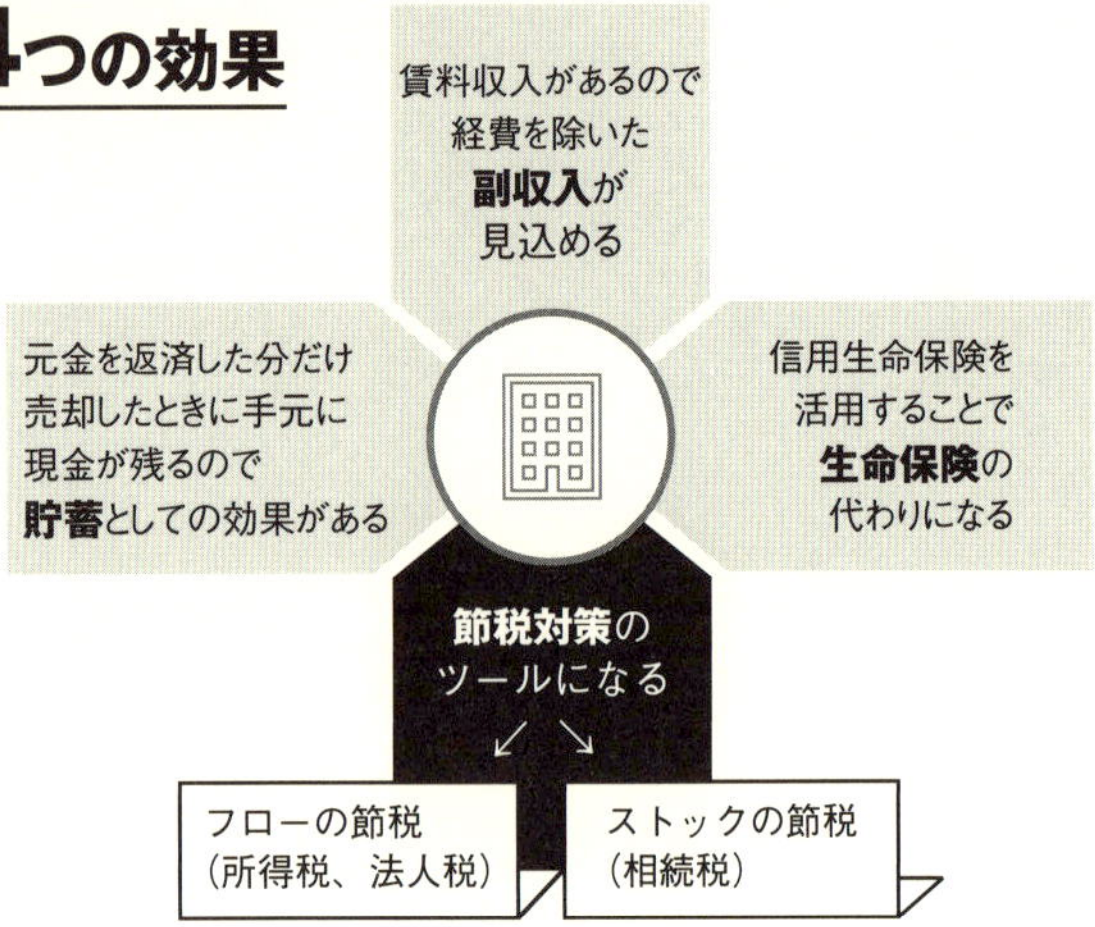
賃料収入があるので
経費を除いた
副収入が
見込める
元金を返済した分だけ
売却したときに手元に
現金が残るので
貯蓄としての効果がある
信用生命保険を
活用することで
生命保険の
代わりになる
節税対策の
ツールになる
フローの節税
（所得税、法人税）
ストックの節税
（相続税）

が一のことがあっても、ローンを残さずに家族や会社に収益物件を残すことができます。要するに、生命保険の代わりとして収益物件を活用することができるのです。

④ 節税ツールとしての効果

所得税・法人税などの「フローの税金」と、相続税などの「ストックの税金」の課税額をコントロールするためのツールとして活用することができます。これは独特な減価償却の仕組みの利用や資産の評価減によって実現します。

◆物件取得から売却までの利益をいかに大きくするか

収益物件の活用は、物件の取得から管理運営、そして売却（出口戦略）までの一連の活動です。この活動を通じて得られる利益を最大化することが、先に述べた4つの効果を得るための大前提になります。

収益物件活用の利益は、次の式のように表すことができます。

利益＝（売却金額 － 取得金額）＋（保有期間中の収入 － 保有期間中の支出）

まず利益の一部となるのは物件の取得価格と売却価格の差額です。これは株式の売買と似ています。安く買って高く売れば当然利益が出ますが、逆であれば損失になります。次に保有している期間の損益です。保有期間中に入ってきたお金（主に賃料収入）と出ていったお金（経費等）をトータルで差引した結果が利益であるということです。

物件の売買、賃料収入、運営中の経費、そして税金、すべてを考え合わせて手元に残るキャッシュをいかに多くするのか。それが収益物件活用において決して欠いてはならない視点だといえます。

収益物件活用における損益の考え方をグラフ化したのが次ページの「損益判定グラフ」です。グラフを参照しながら、利益を出す仕組みについて解説していきます。

まずグラフの縦軸が物件の価格（原価）、横軸が物件取得からの経過年数です。グラフは、物件価格1億円で購入した場合を想定しています。年数が経過するにしたがって右下に下がっていく線は「投資回収線」であり、原価が下がっていっていることを示しているものです。原価が下がるのは、時間が経過するとともに純収入（賃料収入から管理費、修繕費、固定資産税、法人税・所得税などを引いた収入）を得ているからです。グラフでは、取得から7年経過時点で2000万円の純収入を得ており、原価は1億円－2000万円で8000万円に下がっています。最終的には1億円の純収入を得られた時点で、投資した1億円をすべて回収したことになります。投資回収後に得る純収入は、すべて利益です。

次に見るべきポイントは、取得した物件の市場価格がどのように変化していくかということです。グラフの線A、B、Cは物件の市場価格の推移を3パターンで示しています。市場価格はその時点での売却額と同義です。

一般的に収益物件は年数が経過すると賃料が下がり、それに伴って物件の市場価格が下

損益判定グラフ

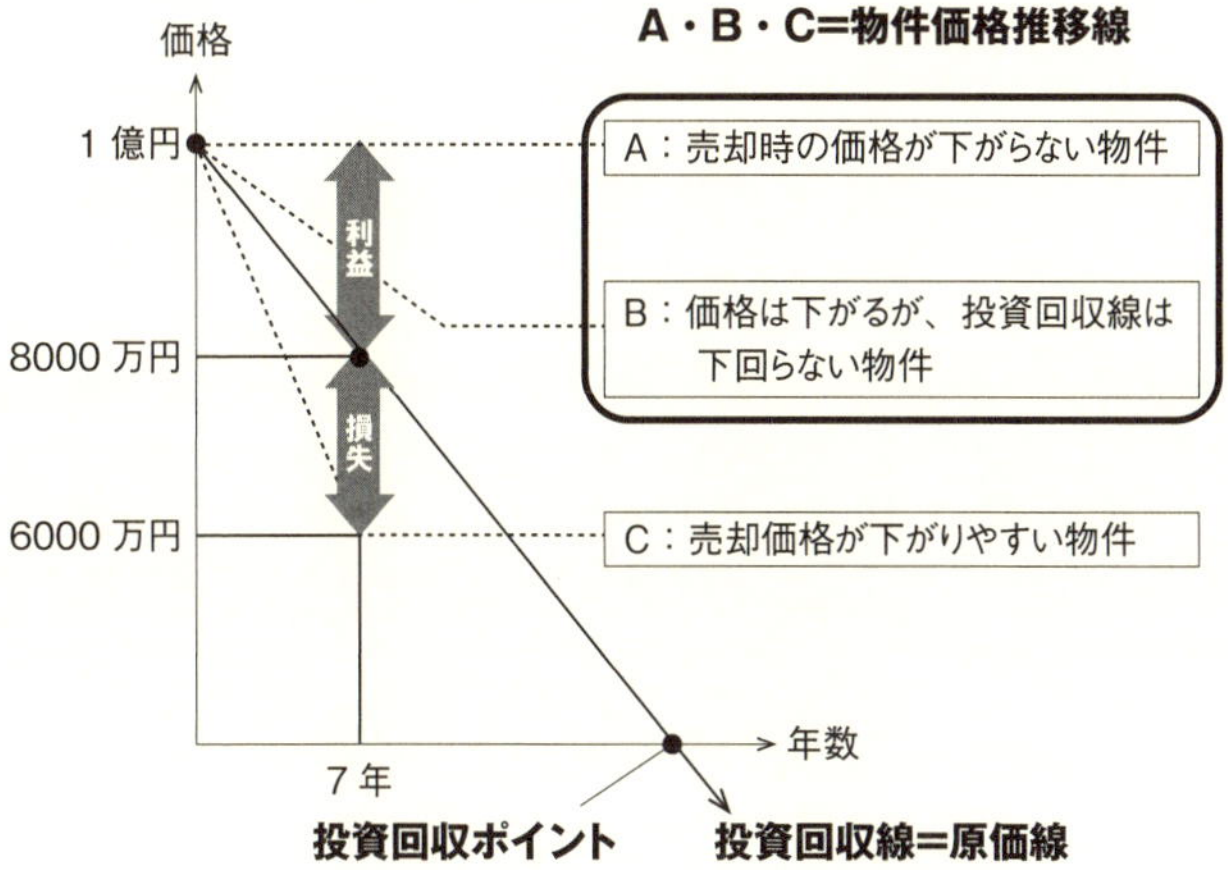

※良い物件は A、B のように価格が投資回収線を下回らない

⇒ **純収入が多い** ＋ **物件価格が下がらない**

がっていきますが、最も早く下落しているパターンがCです。Cを見ると、前述した投資回収線の下落よりもスピードが速いことが分かります。つまり、得られている純収入の額を、物件価格の下落の額が上回っているということです。7年経過の時点で物件価格が6000万円にまで下がっていたとしましょう。1億円の投資から2000万円しか回収していないのに、売却してしまうと6000万円にしかなりませんから、手元に残るのは合計しても8000万円です。投資額は1億円ですから、残りの2000万円は損失ということになります。実際には物件を売らないとしても、いわゆる含み損を抱えている状態です。

一方、Bの線は、Cよりも下落が緩やかで投資回収線を下回ることがありません。7年経過時で市場価格が8500万円だとすれば、先ほどとは逆の考え方で、500万円の利益が出ていることになります。Cとは逆で売却しなくてもいわゆる含み益を得ている状態です。

線BもCも、あるタイミングで下落が止まっていますが、これは物件の市場価格が必ず下げ止まることを意味しています。下げ止まるのは、土地の値段そのものになったときです。詳細はQ&Aで解説しますが、収益物件の価格は「建物価格+土地の価格」の合計です。物件の価格は賃料の下落に伴って下がっていくのが普通ですが、土地の値段はゼロにはなりません。このように物件価格＝土地の価格となった物件を「土地値物件」といいます。いっさい下落していない線Aのパターンです。Aの場合は7年経過時点でも1億円で売却できるので、仮に売却すれば2000万円の利益が出ます。投資回収が進むごとに利益は増えていき、全額投資回収した時点で売却すれば、その投資を通して1億円の利益が得られるということです。

◆「純収入が多いこと」と「物件価格が下がらないこと」

こうして見ると分かりますが、収益物件の取得から売却までの流れで、トータルで利益を得られるかどうかは、次の二つのポイントに要約されます。

① 「投資回収のスピード」が速いか。つまり純収入が多いかどうか。これは利回り、それも表面利回りではなく経費や税金を控除した後の**実質利回りが高いかどうか**という点です。

② **物件価格が下がらないか**。どんなに保有期間で利益を上げても、実質利回りが高く

ても、それ以上に物件価格が下がってしまっては利益が出ません。株式投資において、いくら配当をもらっても株価そのものが下がってしまっては意味がないのと同様です。

この2点が収益物件で利益を出すためのポイントになります。

以上が、収益物件活用における損益の基本的な考え方です。

◆事業環境のよいときこそ、収益物件で将来に備えるべき

事業や景気がずっと好調なら、そもそも資産運用をする必要はありません。将来に不安がなければ何も備える必要がないからです。しかし、現実はそうではありません。会社も個人も不安だらけです。この先どうなるか分からないという不安が、日本人の間では日を追うごとに高まっていると実感します。それに加えて、富裕層に対しての増税が進む税金の対策も行っていかなければならないのです。

特に経営者が資産を守るためには、事業環境のよいときに利益を先送りし、不測の事態に備えることが重要になります。そのために、収益物件ほど最適なツールはありません。

逆に環境が悪くなり、慌てて収益物件を活用しようと思ってもすでに手遅れです。金融機関が資金を貸してくれなくなっているからです。

順調に利益や所得を得られているときほど、いち早く収益物件の活用を始めるべきです。

「今は忙しいが、本業はこの先どうなるか分からない」「会社や個人の資産がいつ失われるか分からない」。そんな危機感を持って収益物件を活用していただければと思います。

第1章

買うべき物件、
買ってはいけない物件を
見極める
物件取得編Q&A

Q1

一棟ものと区分所有、どっちが有利？

収益物件といっても、アパート・マンションを一棟購入するのと区分所有の物件を購入するのとでは、資金計画も賃貸経営の考え方も大きく異なります。どちらも一長一短あるように思うのですが、最終的に資産形成に有利なのはどちらでしょうか？

A 資産形成には、一棟もののほうが有利

◆区分所有は資産形成には向かない

一棟ものと区分所有、どちらが優れているとは一概にはいえませんが、**不動産による資産形成という観点からは、圧倒的に一棟もののほうが優れている**といえます。理由は簡単で、ある程度の資産規模を目指す人の投資対象としては、区分所有ではロット（規模）が小さすぎるからです。

区分所有の物件を検討する場合、比較的利回りの高いワンルームが候補になります。価格は最近値上がり傾向にあるとはいえ、安いものでは数百万円程度、高くても2000万〜3000万円です。資産規模を拡大するにあたり、区分所有を何十戸、何百戸と購入する方法もなくはないですが、手間を考えると効率的とはいえません。

ロットが小さいことの他にも区分所有が資産形成に向かない点はあります。ほとんどがRC造で減価償却期間が長く、効率的な節税がしにくいこと（減価償却については第4章

で詳しく説明しています）。都心部に多いため利回りが極端に低いこと。修繕積立金や管理費、固定資産税などのコストが高いこと。オーナーさんの権限が及ぶのは自己所有の室内のみで、建物全体の経営判断（大規模修繕、設備の更新、清掃など）は他者（理事会や管理会社）に依存しなければならないこと……などです。

区分所有は、不動産賃貸事業というよりも「金融商品」に近い性格を持ちます。経営的な側面が少なく、気軽な投資をしたい人に適しているといえるでしょう。収益物件活用によって資産を築きたいのであれば、一棟もので、かつ投資効率の良い中古のアパート・マンションにターゲットを絞るべきです。

◆「バルク買い」なら区分所有に面白みも

基本的に区分所有は資産形成には向かないのは先述の通りです。しかし、一度の取引でまとまった戸数を取得できるのであれば、面白みがあります。

分譲（区分所有）マンション内の部屋を複数戸まとめて取得する「バルク買い」という買い方があります。ごく稀にですが、地権者が等価交換（注）によって手に入れた物件や、バブル時代の売れ残りをデベロッパーがまとめて所有していて、相続や資産整理などの事情でまとめて手放すケースがあるのです。賃貸に出した場合の利回りが合えば非常に投資効率が良く、そして選択肢が広い魅力的な投資対象となります。

注：等価交換による取得とは、土地権利者が所有・借地する土地の上に、デベロッパーが建設資金を負担して建物を建設し、住戸等を土地権利者とデベロッパーそれぞれの出資割合に応じて取得すること。

なぜなら、先述のデメリットであるロット（規模）が一度の取引で確保できるからです。また一定割合の戸数を取得することでマンションの経営権を確保することもできます。割合にもよりますが、半分以上を確保できるようであれば大規模修繕の時期等の物件全体の大方の運営方針を自分で決められるでしょう。ある意味、一棟ものを所有するのと似たような状態になるということです。

分譲仕様の物件は、賃貸仕様の物件とは建物の造りが根本的に違うので、同じ家賃水準であればマーケットにおいて優位性があります。今まで私が扱った物件でも、分譲仕様の賃貸物件は人気があり、高い稼働率を保っています。

将来的な出口戦略を考えた場合も、一部屋単位で居住用の物件として売却できるため有

資産形成には一棟もののほうが有利

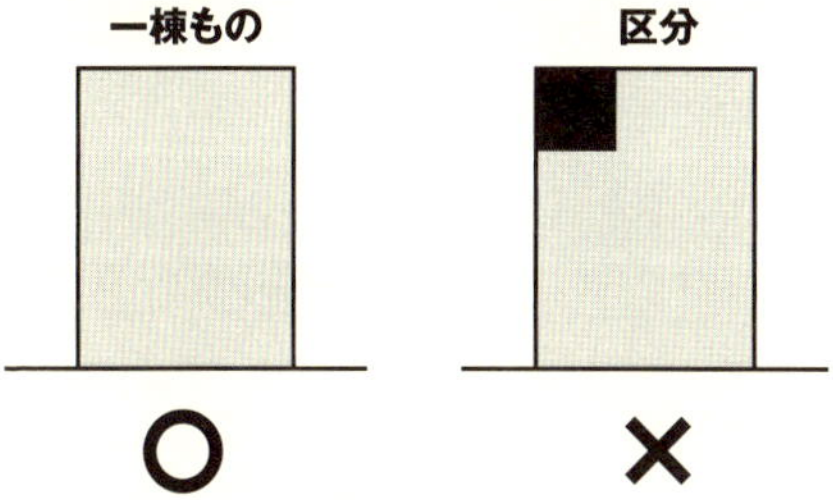

利です。もちろん、残債がある場合は金融機関の融資条件にもよりますが、これは一棟ものの中古アパートにはない選択肢です。つまり貸してよし、売ってよしの物件で、その時々の経済状況に合わせた細かい対応ができるのです。

なお、区分所有の物件を購入する場合、選ぶポイントとして最重要なのは、建物管理（および管理会社）の状況です。「分譲マンションは管理を買え」といわれるように、建物全体の管理の良し悪しが物件の価値を大きく左右します。大規模修繕の実施状況、管理組合に修繕積立金が必要額ストックされているかどうかも必ず確認してください。これらを記載した「重要事項に関わる調査報告書」は管理会社から取得できます。

Q2

新築と中古、資産形成に向いているのはどっち？

土地から新築するアパートをすすめられています。「新築アパートは高い家賃が取れる」という点をアピールされましたが、中古は物件価格が安いので、どちらが本当に利益を得られるのか悩んでいます。新築と中古のメリット・デメリットを教えてください。

A　利益を得るなら中古
カッコ良さ（自己満足）なら新築

◎新築のメリット・デメリット

メリット

・自分の好きなようなデザインで造れる　・最新の設備、間取が造れる　・新築は人気があり、新築プレミアム価格（賃料）で客付けができる　・長期間の融資を受けやすい　・メンテナンスのコストは当面かからない

デメリット

・取得時の利回りが低い　・完成までの時間がかかる　・減価償却期間が長いため節税効果を得にくい　・新築後数年での極端な賃料下落（価格下落）

◎中古物件のメリット・デメリット

メリット

・新築に比べて高利回り　・オーナーチェンジの場合、購入後すぐ賃料が得られる　・現在の状況から運営状況を読みやすい　・減価償却期間が短く、効率的に節税ができる

デメリット

・建物の修繕や設備の修理・交換などのコストがかかる

◆新築物件は投資回収スピードが遅く、価格が下がりやすい

新築と中古のどちらがよいかは、何を求めて物件を取得するかの一言に尽きます。満足度という考えであれば新築物件を取得するのもありですが、利益や資産形成という観点から考えれば、中古物件しかあり得ません。

ではまず、新築物件について説明していきます。

①　低利回り

一般的に、新築物件では高利回りは期待できません。利回りが低いということは、先述の通り、純収入が少なくなるので投資回収スピードが遅くなります。そのため利益を出すことがまず難しくなります。

新築時の家賃は「新築プレミアム」といって相場より1割から2割ほど高く設定できますが、それ以上に物件価格が割高だからです。建物の建築費に建築業者の利益が上乗せされ、さらにその物件を不動産会社が販売するとなれば、不動産会社の利益も上乗せされています。

また新築の場合は、諸経費は中古よりも抑えられますが、減価償却期間が長いため、年

間の償却費がわずかしか取れず、節税効果も期待できません。

② 価格下落

新築プレミアムが通用するのは初回の入居時だけです。築後数年がたって入居者が入れ替われば、賃料は相場並みに下がっていきます。賃料が1～2割も下落すれば、収益還元法で考えた場合、同じ利回りであったとしても物件価格が1～2割下落するということになります。

現実的には、この賃料の下落に加えて、中古になった途端に期待利回り（キャップレート）も上昇します。

つまり、新築物件であれば利回り6％でも買い手はつきますが、築10年の中古になると利回り7～8％はないと売れないということです。それがキャップレートの上昇です。

この賃料の下落とキャップレートの上昇によって新築物件は物件価格自体が大幅に下がります。

さらに言えば、新築物件は価格全体における建物の割合が大きく、土地の占める割合が小さいという問題があります。そのため、価格下落の幅も大きいのです。

先述の通り、収益物件活用の利益を最大化させるためには、「純収入が多い」ことと「物

新築物件は価格が急落しやすい

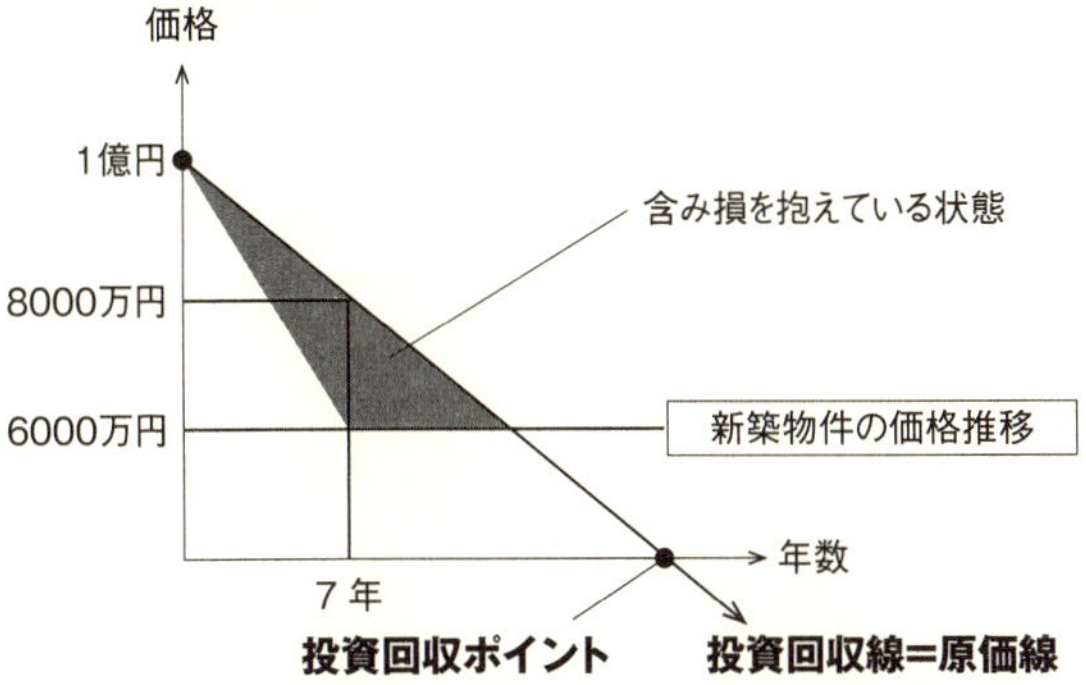

新築物件は投資回収のスピードが遅いうえに価格が下がりやすい

件価格が下がらない」という2点が重要になります。

しかし、新築物件は、利回りが低いうえに減価償却の節税効果も低いので、純収入が少なくなり、投資回収のスピードが遅くなります。

そして①新築プレミアム後の賃料の下落、②キャップレートの上昇という二つの要因により、数年内に大きく物件価格が下落してしまう可能性が高いのです。

そのため、一般的には、**新築物件は資産形成目的の投資対象としては、向いていない**と結論できます。もちろん特殊な事情で割安に新築物件を手に入れることができる場合はこの限りではありません。

◆中古物件は利益を得やすい

①　利回りが高い

日本では中古の建物価格を低く見る傾向があるため、**中古物件は購入価格が安く利回りが高くなる**というメリットがあります。利回りが高いということは、新築に比べて純収入を得やすくなるのです。純収入が多く得られれば投資回収が速く進み原価が下がるため利益を得やすくなります。

②　価格が下がりにくい

まず**中古物件は新築物件と違って賃料の下落幅が小さい**といえます。新築プレミアム賃料がないからです。また、築年数に応じてキャップレートは上昇しますが、新築が中古になるときと比較すればその上昇幅は極めて小さいといえます。

賃料が下落せずキャップレートが上昇しないということは、収益還元法によって物件価格が下がらないことを意味します。

また、新築の物件とは逆に、物件価格のうちに占める建物価格の割合が小さくなり、土地値の割合が高くなります。土地は減価しないため、売却時にも大幅に値下がりする心配

資産形成には中古が向いている

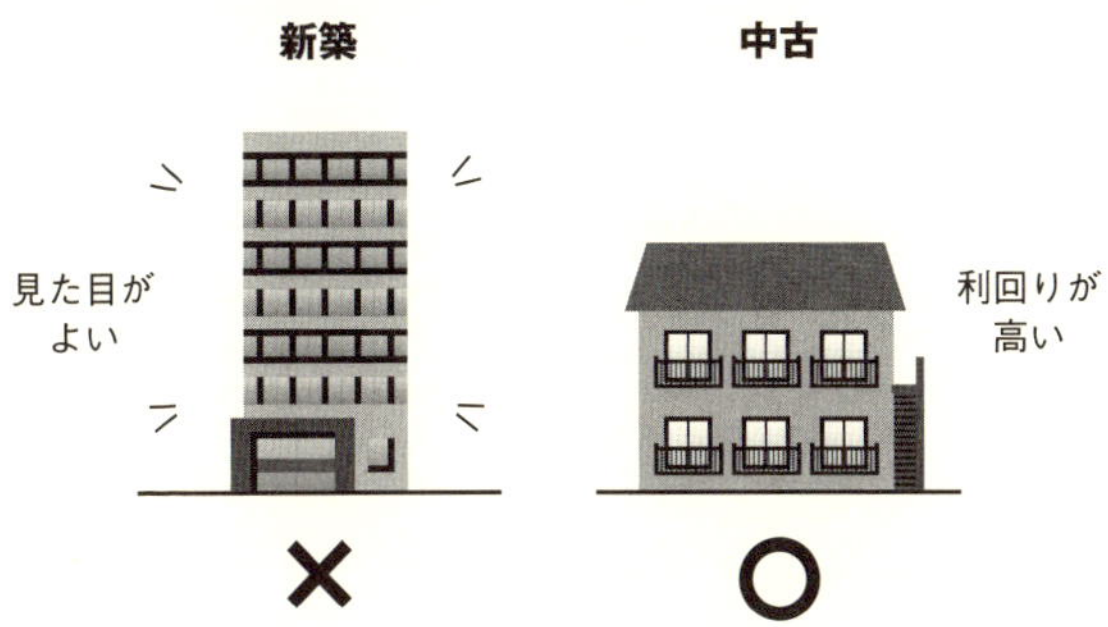

がありません。

さらに、減価償却期間が新築に比べて短いため、減価償却費を短期間に多く計上でき、節税面でも大きな効果が得られます。つまり、手元に残る純収入が新築よりも圧倒的に多くなるのです。オーナーチェンジで購入した場合は、すぐに賃料が得られるのも大きなメリットです。

中古物件のデメリットとしては、設備の交換・修理や建物の修繕などのメンテナンス費用がかかり、収益が読みにくいという点が挙げられます。

Q3

木造、鉄骨造、ＲＣ造。利益を出しやすいのはどれ？

収益物件には様々な構造の建物があります。木造アパートとＲＣ造のマンションでは、見た目も価格も大きく違ううえ、耐用年数や融資の条件も変わってきます。木造、鉄骨造、ＲＣ造（鉄筋コンクリート）のなかで、最も利益を出しやすい構造はどれになるでしょうか？

A　税引後利益までを考えれば、築年数の古い「木造」が最も利益を得やすい

◆木造とRC造の構造によるメリット・デメリット

一棟もののアパート・マンションの構造には、大きく分けて3種類あります。木造、鉄骨造、RC造（鉄筋コンクリート）です。

木造は一般的に「アパート」といわれるもので、2階建て、高くても3階建てまでの小規模なものになります。メリットとしては、まず建築費が安く規模も小さいため、物件の価格（絶対額）が低く抑えられ小規模な投資を好む人でも取り組めること。そして固定資産税や修繕費などの維持費や解体費が、RC造や鉄骨造の物件と比較して少額になることです。解体費が安いため、最終的にはアパートを壊して更地にして売却するという選択肢もあります。

デメリットは、税務上の耐用年数が短いため、金融機関からの借入期間が短く設定されてしまう場合があることです。借入期間が短くなれば、当然、月々の返済額が多くなって

キャッシュフローが悪くなるので、収益物件活用としては不利になります。ただし、最近は金融機関側の姿勢にも変化が見られ、耐用年数が過ぎている物件に対しても20年超の長期融資を行っているところも多くなってきたため、このデメリットもあまり感じることはないでしょう。

その一方で、税務上の耐用年数が短いということは、償却期間が短く（木造であれば最短4年間）、年間の減価償却費を多く取れるため、節税としてのメリットが大きくなります（P60参照）。

RC造は、一般的に「マンション」といわれるものです。メリットは、堅固な建物のため高層で造られているものも多く、1棟で規模の大きい投資を行えることや、税務上の耐用年数が長く長期借入がしやすいことが挙げられます。

デメリットとしては、物件価格そのものが高いことに加え、建物の維持管理費や固定資産税、解体費が高額になること、耐用年数が長く減価償却費を多く取れないことなどがあります。

鉄骨造は木造とRC造の中間と考えていただければいいでしょう。

収益物件の耐用年数

〈居住用物件の法定耐用年数〉

木造			22年
鉄骨造	骨格材の厚さ	3ミリ以下	19年
	〃	3ミリ超4ミリ以下	27年
	〃	4ミリ超	34年
鉄筋コンクリート造			47年

〈中古建物の耐用年数（簡便法）〉

①築年数が法定耐用年数の一部を経過している場合

耐用年数＝(法定耐用年数－経過年数)＋経過年数×0.2

【木造：築10年】

(22年－10年)＋10年×0.2＝12年＋2年＝14年

②築年数が法定耐用年数をすべて経過している場合

耐用年数＝法定耐用年数×0.2

【木造：築23年】

22年×0.2＝4年

参考・解体費用
木造　坪当たり5万〜7万円
RC造　坪当たり10万〜15万円　※エリアや時期によって異なる

◆利益を出しやすいのは、木造アパート

不動産賃貸事業においては、賃料収入は売上、純収入は粗利益と考えられます。いくら賃料収入が多くても、経費が多くかかって純収入が残らなければ意味がありません。また、減価償却費で税引後の利益（手取り収入）をコントロールできなければ、税金で持っていかれて結局手元にお金が残らないことになります。

では、具体的に木造とRC造の比較を見ていきたいと思います。次ページの表をご覧ください。

同じ賃料収入が1000万円の物件を比べます。まず経費がRC造の場合は300万円、木造の場合は200万円で純収入が700万円と800万円と違います。これはRC造の場合にはエレベータの保守費など、木造に比べてランニングで発生するコストが多く

木造はRC造に比べて実質利回りが高い

		木造	RC造	
物件価格		1億円	1億円	
満室時賃料収入（売上）		1000万円	1000万円	
運営費	表面利回り	10%	10%	
	管理手数料（5%）	50万円	50万円	
	物件管理料	90万円	150万円	
固都税		60万円	100万円	
実質収入（粗利益）		800万円	700万円	a
実質（NET）利回り		8%	7%	
元利金返済		500万円	500万円	b
キャッシュフロー（税引前）		300万円	200万円	a-b

かかるのと、建物が堅固なので固定資産税が高いためです。そのため**RC物件は木造に比べて実質収入が少なくなります。**

逆に言えば**木造はRCに比べて実質利回りが高い**ことがわかります。

投資家（お客様）と話していると、RC造＝価値のある物件という先入観を持っている人が多いように感じます。耐用年数の長いRC造の物件のほうが長期間の融資を引きやすいという、金融機関の融資姿勢の影響もあるのでしょう。また、物件が長持ちすることや、見栄えがいいことに価値を感じる人もいるはずです。最近はRCが一種のブームで、相場が異常に高騰していることもあり、注意しなければなりません。「木造アパートなんて恥ずかしい」と言う人もいます。

しかし、収益物件活用はあくまでも事業です。事業である以上、物件を所有する満足感やこだわりよりも、利益の最大化を目指さなければなりません。投資効率と減価償却による節税を用いた利益の最大化という点から考えると、木造や軽量鉄骨造の物件のほうが、RC造の物件に比べて投資物件としては優れているといえます。

なぜなら本章のQ5で詳述する通り減価償却の金額が大きく違うからです。木造物件の場合は短期間で償却できるため、会計上の赤字が計上でき、税引後キャッシュフローのプラスが大きくなります。一方、ＲＣ造は償却がとれないため税負担が重くなり、税引後キャッシュフローは小さくなってしまいます。

Q4

買いたい物件が借地権物件の場合どう判断する？

都内で高利回りの物件を探していると、「借地権」と書かれているものが多くあります。「借地権」とはどのような権利でしょうか。また、借地権の物件は、投資対象として考えてもよいのでしょうか？

A　高利回りが狙えるため、融資がつくなら狙い目

◆（旧法）借地権とは

借地権の物件は所有権の物件に比べて、利回りがおよそ2〜3％前後は高くなるのが一般的です。好立地にある物件も多く、融資がつき条件が合うなら、投資対象として狙い目だといえます。

借地権とは、分かりやすくいうと「土地は取得せず地主から土地を借りて、その上に建物を建てて使用できる権利」のことです。登記できるのは建物だけで、売買する場合は地主の許可を得て「借地権付き建物」を取得する形になります。地主の承諾は必要ですが、所有権と同じように借地権物件として売買できますし、アパートを建てて賃貸することもできます。

旧借地法により強く守られた借地権は、借り手側に有利な権利です。定期借地権でない限り、土地の所有者（地主）の一存で更新を拒絶されることは通常ないため、数世代にわ

借りている権利のほうが強い

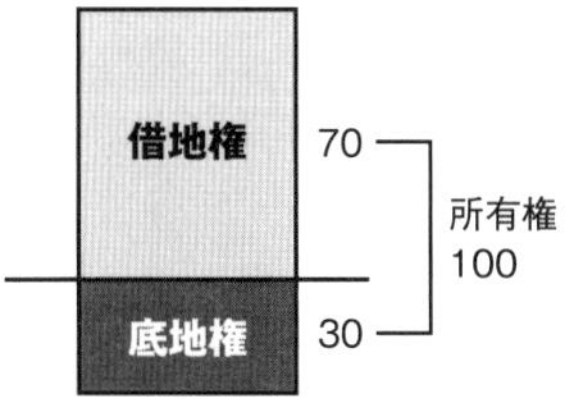

たって借地に住み続けている人も多く、所有権に近い権利だといっても過言ではないでしょう。具体的には所有権は借地権と底地権の二つで構成され、それぞれの割合が定められています。

一般的には借地権の割合が6～7割で、底地権の割合が3～4割です。つまり、我が国においては、**借りている権利のほうが土地を所有している権利よりも強くなっている**のです。「土地は一旦貸したら返ってこない」とは、このことを嘆く地主さんの言葉として知られています。

そのため、平成4年に地主側の権利を強めた新法借地権（借地借家法）が施行され、旧法借地権（借地法）は廃止されました。新法借地権には普通借地権と定期借地権があり、定期借地権の場合は基本的に更新ができず、期限が来たら更地にして地主に返還しなければなりません。

しかし、新法施行前に借地であった物件には、現在でも旧法借地権（借地法）が適用されています。本書では、より借地人の権利の強い「旧法借地権」の物件を投資対象として解説します。

◆借地は融資が受けにくい

借地物件にはデメリットもいくつかあります。まず、所有権に比べて融資が受けにくく、流動性が劣るということです。

ただし逆にいえば、融資が受けづらいからこそ競合が少なく、利回りが高くなっていると考えることもできます。私の会社でも借地物件を保有し、売買の仲介の取引も何件も行っていますが、借り主の属性による差はあるものの、**たいていの金融機関は借地物件でも融資をしてくれます。融資さえ受けられれば、借地権の物件は非常にメリットの大きい物件です。**

ただ、融資を受けるには、地主から「承諾書」に判を押してもらうことが条件になります。承諾書の内容は「地代の滞納があった場合には金融機関に通知しなければならない」というものです。地代が滞納された場合にいきなり借地契約を解除されてしまっては、金融機関としては担保を失ってしまうので、それを避けるためのものです。この承諾書に土地の所有者が捺印し、金融機関に提出します。

しかし、地主のなかには、絶対に「承諾書」には判は押さないという人もいるので、早急に確認することが最善の手でしょう。一般的に好ましいのは地主がお寺の物件です。お寺はいわゆる「ビジネス」として土地を貸していますので、お金さえ払えば感情の問題がなくスムーズに取引ができます。

◆買うなら借地契約と更新料の事前確認が必須

実際に借地権の物件を購入するにあたっては、いくつかの注意点があります。まず借地契約の内容の確認が必須です。前述した新法の定期借地権の物件の場合は、更新ができず契約満了時には更地で土地を返還しなければならないため、借地期間の満了に向けて資産価値は減価し、売却も難しくなります。定期借地権の物件は、資産形成には向いていないので購入には慎重になるべきです。

また、契約期間と更新料も事前に確認します。旧法借地権物件の契約を更新する際には、更新料がかかるケースがほとんどです。更新料は物件によっては多額になりますので、注意が必要です。理想は、物件の取得時に新規で契約を巻き直してもらうことです。木造の場合は20年、ＲＣ造などの堅牢な建物の場合は30年になります。

他にも、契約期間中に建替えや売却をする場合は、地主の許可と建替え承諾料、譲渡承諾料が必要になります。それぞれ物件や契約によって異なるのであらかじめ確認が必要です。

そして毎月地主に払う地代です。借地契約書に金額が定められている場合もあれば、固定資産税の何倍と表記されている場合もあります。一般的な額は固定資産税の３倍程度ですが、こちらも契約によってまちまちです。

これらの事項については、売買契約に先行して借地契約書の中身を確認する必要があります。内容が分からなければ、不動産に詳しい弁護士等の専門家に相談してアドバイスをもらう必要があります。

◆譲渡承諾が得られないときは

借地のトラブルで多いのは、売却時に地主が譲渡承諾をしてくれないケースです。買主を厳しく選定して拒絶したり、地代の値上げを要求したり、高額の譲渡承諾料を要求したりと様々なケースがあります。しかし、譲渡承諾を得ずに勝手に建物を売ってしまうと、無断譲渡として地主から借地契約を解除されてしまう恐れがあります。

このように借地人が借地上の建物を第三者に譲渡しようとする場合で、第三者が借地権を取得しても地主に不利となる恐れがないにもかかわらず地主が承諾しないときは、借地人は裁判所に「承諾に代わる許可の裁判」を求め、地主の承諾の代わりとすることができます（借地借家法19条）。なお、この場合も裁判所が決定した額の譲渡承諾料は、地主に支払うことになります。

Q5

耐用年数をオーバーした物件でも利益が出る？

安くて利回りが高い築古物件ですが、いつまで建物がもつか、入居者が入るのかという不安があります。耐用年数をオーバーしているような古い物件でも利益は出るものでしょうか？　また、建物の評価が低く融資もつきにくいのではないでしょうか？

A 築古物件は節税メリットが大きいため利益を得やすい

◆築古物件は短期で多額の減価償却費を計上できる

減価償却資産は、法定耐用年数によって償却期間が定められています。RC造と木造を比較すると、RC造は47年、木造は22年です。中古物件ですでに耐用年数を超過している場合は、取得から最短で4年間（木造の場合）で全額償却できるので、この観点から考えると先述の通り中古・築古の木造アパートが最も効果的に節税メリットを受けることができます。

金額は「大きく」、期間は「短く」が、減価償却による効果的な節税の鉄則です。たとえば物件価格1億円、建物価格5000万円（土地価格5000万円）の築23年の木造物件を購入した場合、4年間での償却になるので、年間1250万円もの減価償却費を計上でき、会計上赤字を計上できるため利益を大きく圧縮することができます。同じ築23年のRC造の物件を購入した場合は、残存耐用年数が28年になるので、年間178万円しか償

RC造と木造の減価償却費の違い

物件価格1億円（建物価格5000万円）
共に築23年

	RC造	木造	
償却年数	28年	4年	
賃料収入	1000万円	1000万円	
諸経費	▲300万円	▲200万円	
金利	▲200万円	▲200万円	
年間の減価償却費	▲178万円	▲1250万円	
損益	322万円	▲650万円	a

減価償却を大きく取ることで会計上の赤字を計上できるため、節税効果が高い

税引前CF	200万円	300万円	
所得税	161万円	▲325万円	b(a×50%)
税引後CF	39万円	625万円	a−b

※税率50%で単純計算しています。

却できません。P48の表を参照して税引後のキャッシュフローを見てみると、木造の625万円に対してRC造ではわずか39万円になってしまっています。

税引後の手取り収入が大きく取れるため、投資回収が早まり、損益分岐点が大きく下がります。そのため、**耐用年数を超えた築古の木造物件は利益が出やすくなるのが最大の特徴**です。

築古物件は節税メリット大

耐用年数オーバー　⇒　減価償却短い

利益最大化しやすい

※特に木造物件は4年で償却可

◆長期間の融資は受けにくい

一方、築古物件を購入するデメリットは、金融機関によっては長期間の融資を受けにくいケースがあることです。

ただ、日本の金融機関の姿勢としては、物件の問題ではなく、借主の属性に応じて融資を出しているので、属性が良ければ築年数に関係なく長期の融資を引ける可能性は高くなります。

また、最近は耐用年数を超えたアパートに対しても20年超の長期融資を積極的に出している金融機関も増えてきました。この背景には、バブル期（昭和60年〜平成４年）に大量に建築された木造の物件がすでに耐用年数切れになっていること、国土交通省が掲げるように国が中古物件の流通を促進していることが挙げられます。

築古物件の場合は建物の経年劣化に伴う修繕やメンテナンスが必須であることもデメリットといえますが、こちらはあらかじめその費用を見込んだうえで収支計画を立て、投資判断をしていけば問題ありません。

私が考える物件の価値は築年数ではなく、どのように建築され、メンテナンスされているかという物件個別の問題です。きちんとメンテナンスをすれば築30年の木造でも入居者に受け入れられる物件になりますし、そのような物件は当社が管理しているなかにも多数あります。

Q6

購入前の劣化状況、修繕状況のチェックポイントは？

築年数の経った中古物件は、どんな不具合が隠れているか分かりません。特にオーナーチェンジの物件は部屋の中を見ることができないため心配です。購入前に建物の劣化状況や修繕の状況を知るには、どこをチェックすればよいでしょうか？

A 配管関係、エレベータ、屋上防水、耐震工事、外壁塗装など高額な費用がかかる箇所の状況を、専門家を伴って確認する

◆専門家と建物の状況調査を

中古収益物件は利益を出しやすいメリットがあると先述しました。一方でリスクがあるのも事実です。その最大のリスクは建物リスクです。中身を知らないまま中古の物件を買うことは、大きなリスクになります。大きな不具合があった場合は、修繕のために莫大な費用を要し、利益が吹き飛んでしまう恐れもあります。

実際、物件を購入したということで当社に管理を依頼されるケースがよくあります。そのなかで、取得後（当社が管理開始後）すぐに水漏れが発生し、修繕するのに数百万円から1000万円単位の工事を余儀なくされるケースが多々あります。最も多額の費用が発生したケースでは1億8000万円の物件を取得し、配管の引き直し等で約5000万円の追加工事費用が発生しました。それらのケースでは、物件取得時にそのような不具合を把握せず、そして知らされずに物件を買ってしまっています。これでは、すでにスタート

の時点で投資は失敗していると言わざるを得ません。

古い物件（特に昭和56年5月以前に建築確認を取った旧耐震物件）は、一級建築士等の専門家を伴って事前に建物の状況調査を行うことをおすすめします、というより必須です。とりわけRC造の物件は修繕費用も高額になるため要注意です。当社ではすべての物件について一級建築士の事前調査（建物デューデリジェンス）を必ず行っています。

特にチェックするべきポイントを列記します。

- 屋上防水
- 外壁塗装
- 給水管・排水管といった配管関係（特にRC造で平成3年以前の物件は鉄管のケースが多く錆びてしまうことで高額の工事費用がかかるケースがあるため要注意）
- エレベータ（エレベータの籠を替えると高額になる）
- 耐震工事（個別性が強いが旧耐震の物件は要注意）

以上の工事は修繕費用が高くつく傾向があります。または費用の問題ではなく修繕が不

専門家のチェックが必要なポイント

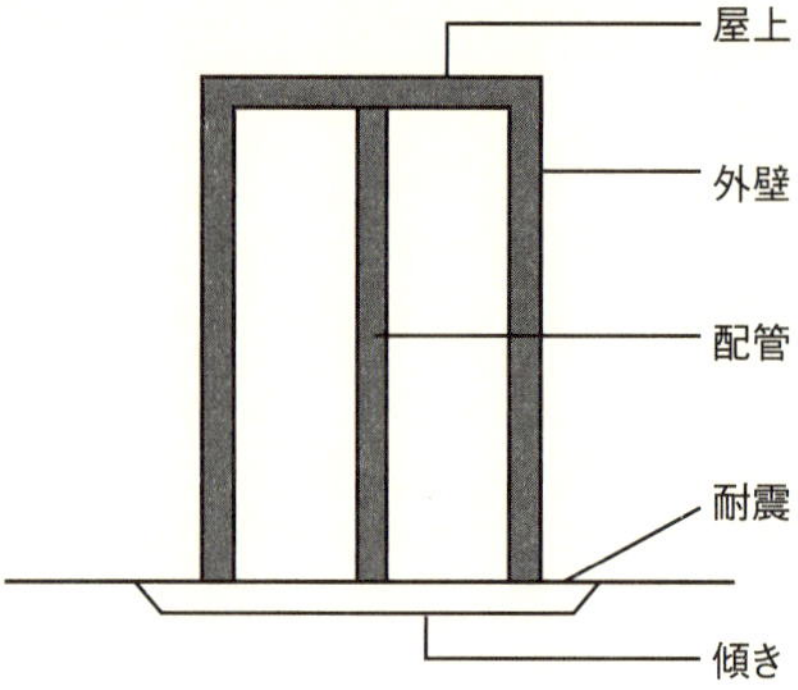

可能なケースもありますので注意が必要です。

また、これ以外に怖いのが建物の傾きです。傾きを直すとなると、規模にもよりますが数千万円単位の費用がかかるため注意が必要です。

とにかく**「物件を分からないで買う」というのは非常に危険**です。このような調査をすることで、そもそも物件を取得してよいかどうかの判断ができます。取得してよいとなったら次はコストの問題です。**その修繕費用を物件価格に加えた総投資額で利益が出るかどうかを判断する**必要があります。

◆修繕履歴は確実に把握する

以上のような調査を行うのは必須ですが、一方で、建物の修繕履歴を可能な限り把握することもま

修繕費を踏まえた取得原価の考え方

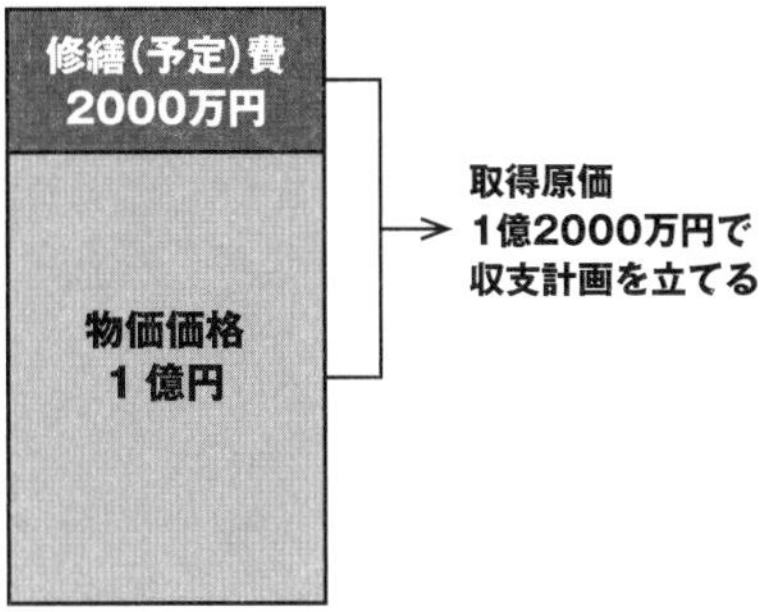

た重要です。過去にどんなトラブルがあったか、雨漏りや漏水はないか、どんな修繕をしてきたのか、エレベータの保守状況など、これらは物件のオーナーさん（売主）から確認します。これは物件調査の一環という側面を持ちます。たとえば、もし給湯器が20年前のもので竣工以来交換していなければ取得後すべて交換しなければなりません。防水工事を行ったのが20年前であれば取得後すぐに雨漏りがして防水工事を行わなければならなくなります。

このようにコストの問題と物件の素性を知るということの意味、さらには取得後の修繕計画を立てるという意味でも修繕履歴を把握することが重要です。

売主さんのなかには管理会社に任せきりで、ご自身で修繕履歴を把握していない人もいますので、実際に物件の状況を把握している管理会社からもヒアリングすることが大切です。できれば、その物件に詳しい不動産会社（管理会社と兼業の場合も多い）から購入することが望ましいでしょう。

また、売買契約にあたっては、図面があるかどうかを確認し、ある場合は売主から必ず引き継いでください。図面があれば物件取得後に戦略的な修繕を行いやすくなります。

◆保険の活用でリスクヘッジ

以上のような調査を行ったとしても中古物件の場合には突発的な不具合が起こる可能性はあります。その不具合に対してリスクをヘッジするために火災保険の活用があります。火災保険は、火事に備えるだけのものではありません。火災保険に加えて地震保険に入ることはもちろん、特約をつけることで様々なリスクに対応することができます。保険料はすべて経費計上できるので、惜しまずにしっかり備えておくことが重要です。

おすすめの火災保険の特約には、次のようなものがあります。

●**建物電気的・機械的事故特約**……エレベータや水道ポンプなど、電気や機械設備の故障が保障されます。

●**施設賠償保険**……アパートやマンションの安全性の不備や構造上の欠陥によって、入居者などに損害を与え、大家さんに賠償責任が発生する場合に備えられます。保険料が安く保障が手厚いので、中古物件のオーナーさんには特におすすめします。

●**盗難・偶然な事故による破損・汚損**……室外機の盗難や、引っ越し時に壁に穴が開いた、窓ガラスを割られたなどのケースに保障されます。

●**家賃損失補償特約**……水漏れや火災などで建物が使用できず、家賃が得られない期間の損失が補償されます。

※保険会社や商品によって補償内容は異なるので、詳細については専門家に相談してください。

◆費用対効果を考えた修繕計画を

では、物件を取得したうえでどのような修繕工事を行えばよいのでしょうか？　一言でいえば、費用対効果を考えた工事を行うということになります。

収益物件の活用においては、利益の最大化という観点が最も大切です。ここが自宅等の実需物件との大きな違いです。自己満足ではなく、費用対効果を計算した数字に基づいた判断が求められます。どこをどの程度修繕していくか的確に判断しなければなりません。

たとえば外壁塗装などは、塗料の種類によってコストが大きく変わります。長期保有を考えるのであれば、20～30年はもつ最高級の塗料で塗ってもいいのですが、「減価償却を4年取った後に売って資産を組み換えよう」と考えている場合には、〝化粧直し〟程度の塗装でコストを抑えたほうが合理的です。

また、空室が出れば部屋の原状回復費用がかかりますが、長期で入居されていた部屋ほど設備も間取りも古くなっています。フルリフォームも視野に入りますが、それで家賃がどのくらい上がり、どのくらいの期間でコストを回収できるのか、実際に客付けをしている管理会社や不動産会社の意見も聞きながら、適切なリフォームになるようコストをコントロールすることが重要です。

Q7

絶対に買ってはいけない物件の条件はどのようなもの？

一見利回りが良さそうに見えても、後から問題が出てきて結局損切りで売ったり、最悪は収支計画が破綻したりする物件もあると思います。投資の失敗につながる、「絶対に買ってはいけない物件」とはどのようなものですか？

A 「変えられない欠点」のある物件は買ってはいけない

◆変えられない欠点とは

物件の良し悪しを判断するには、「変えられるもの」と「変えられないもの」という基準で考えます。たとえば、設備の古さや外壁の色などは、後からいくらでも変えることができます。費用がかかるにしても、その費用を見込んで利回りを計算しておけば、収益物件活用においては致命的な問題にはなりません。むしろ欠点の修繕によってバリューアップにつながる可能性もあります。

しかし、物件の「立地」「建物の致命的な欠陥」「瑕疵《かし》」などは、改善のしようがありません。この「変えられないもの」が、収益物件活用の障壁となるようであれば、どんなに表面的に利回りが高くても手を出すべきではありません。

東日本大震災の際に、津波で多くの家屋が流されてしまったのは記憶に新しいところです。あそこまでの大規模災害はめったに起こらないにしても、近年はゲリラ豪雨などの都市型災害も多発しています。ハザードマップなどを確認し、浸水履歴のある場所などは避けたほうが賢明です。

また、一見しただけでは分からない周辺環境も、自分の力では変えられない部分です。もしかすると、近くに嫌悪施設があったり、反社会的勢力の事務所があったりするかもしれません。これは実際にあった話ですが、購入してみると入居者の半数がその筋の人たちで、どこの管理会社も管理を引き受けてくれませんでした。

具体的には以下の三つのポイントの把握が重要です。

①　立地
②　建物
③　物件の瑕疵

◆最も大切なのは立地

不動産にとって最も重要な要素は立地です。収益物件においてもこれは当てはまります。

そして、収益物件活用において最大のリスクは空室です。残念ながら我が国は人口減少社会に突入しました。都市間の格差が広がり、人が住まない（もしくは住まなくなっていく）地域も出始めました。誰も入居してくれなければ、いくら想定利回りが高くても絵に描いた餅です。

立地は二段階に分けて考える必要があります。

まずは広い意味でのエリアです。たとえば、さいたま市や札幌市などです。そもそも人口の少ない、もしくは大幅に減っていくエリアでの物件取得は非常にリスクが高くなります。これからの日本は人が増えていく地域と減っていく地域が明確に分かれていきます。東名阪の三大都市圏および政令指定都市を中心としたエリアは人口増、あるいは維持で推移しますが、その他のエリアは人口が減っていくでしょう。

次に、物件のよりピンポイントな立地です。たとえば、さいたま市の中のどこか？　という視点です。さいたま市自体は人口が減らないエリアですが、細かく見れば良い場所と悪い場所の差があります。

不動産は個別性が非常に強いものです。道路一つ挟んだだけで、もしくは隣接している土地でも道路付けだけで、価値が変わります。

そのエリアの中で、その物件がどのような場所に存在しているのかという視点が必要です。

地方物件のなかには、稀に非常に利回りが高く、安定稼働している物件があります。企業が寮として長年サブリースで借り上げているなどのケースです。しかし裏を返せば、この企業にサブリースを解除されてしまうと、すべて空室になるうえに、募集賃料も現在相場に合わせて下がってしまうリスクをはらんでいます。

売主がなぜそのような優良物件を売ろうとしているのか、売却理由を知らずに購入するのは危険です。もしかしたら、企業の撤退や、都市計画などの情報を事前に知っていて、早めに売り抜けようとしているのかもしれません。

たとえば、近年の少子化による学生数減少や都心回帰の流れから、地方にある東京の大学の新設学部が、都内の本部キャンパスに移転するケースも増えています。学生をターゲットにしていたアパートは、大学がなくなってしまうといくら家賃を安くしても借り手がつきません。

不動産は、その土地に固着しているがゆえに、その地域の情勢によって大きく経営状況が左右されます。情報網を広く持ち、一つの企業や施設、学校に依存している場所は注意してください。その点でも最初から、ある程度人口があって流動性の高い地域にある物件を購入することが望ましいといえます。

◆違法建築物と既存不適格物件

前Q6で取り上げたように修繕不可の物件は避けるべきです。建物に致命的な欠陥を持った物件を取得してしまうと、その時点で収益物件の活用に失敗しているといえます。

この他の建物の問題として違法建築物件というものがあります。違法建築とは、建築基準法に違反していたり、未登記の増改築があったりする物件です。最も多いのは、建蔽率や容積率がオーバーしている物件です。建蔽率・容積率オーバーの物件のほとんどが、建築後に違法に増築した物件ですが、なかには新築時に建築確認を取ったあと、確認図面とは違う物件を建てた悪質なケースもあります。また建築確認も取らないで、かつまったく法令を守らずに建物を建ててしまっているケースもあります。

※確認済証とは、建築物の工事に着手する前にその計画が建築基準法に適合するかどうかを審査し、内容が確認された場合に発行されるもの。検査済証とは、工事途中の中間検査や工事完了時の完了検査でその建物が建築基準法に適合しているかを確認し、合格した場合に発行されるもの。

確認済証はほぼすべての物件にあるものなので、ない物件は原則は手を出すべきではありません。検査済証は当社の取引実績では約1~2割くらいの物件にしかない（特に木造の場合はほとんどない）ので、こちらはなくても問題ないでしょう。

違法建築物件には、基本的に銀行融資がつきにくいので、ノンバンクなどの高金利な融資を受けるか、自己資金で購入するしかありません。一見利回りが高くても、高金利で融資を受ければ手元に残るキャッシュは減りますし、キャッシュアウトを伴うのであれば収益物件の優位性がなくなります。なにより、売却時にも買い手がつきにくく流動性が低いので、買わないほうがよいでしょう。

なお、同じ容積率・建蔽率オーバーの物件でも、建物建設時には適法であったものが、その後法律が変わってしまって法令不適格になってしまった「既存不適格」の物件があります。この場合は、違法建築ではありません。個別の事情によりますが、当社が取り扱っている範囲においてはほとんどの金融機関で融資を受けられています。

◆事故物件をどう考えるか

最近では、物件の「歴史」も「変えられないもの」に加わってきました。建物の履歴を調べることが大切であると前述しましたが、**物件自体の履歴も非常に大切**です。場合によっては、その履歴があることで買ってはいけないというケースがあります。具体的には瑕疵の存在です。

賃貸物件で殺人事件、火事、自殺、孤独死などの事故があった場合、入居者に対して告知する義務があります。入居者だけではなく、物件を売却する場合にも告知する必要があります。特に殺人事件は致命的です。物件の価値が半減してしまいます。これをもし知らないで買ってしまったら大変なことになります。

近年はインターネットの普及により、古い事故のニュースも消えずに残ってしまいます。「大島てる」のように事故物件情報を集めるサイトも登場し、マイナスの情報は消したいと依頼しても、対応してもらえません。

物件の購入時にはきちんと重要事項説明書を確認する必要があります。もし可能であれば、自分で物件名や地名でキーワード検索をかけて、過去のネガティブ情報が掲載されて

買ってはいけない！

①立地　入居者が入らない

②建物　耐震・傾き

③瑕疵《かし》　殺人事件

いないかを確認する必要があるでしょう。

実際、当社が取得した物件で過去に自殺があり売買契約時には知らされず後で分かったというケースもあります。これは売主と仲介会社が意図的に隠して売ってしまった事例です。典型的な事故物件です。

ただし、事故物件でもその事故の内容によって変わってきます。特に、孤独死は最近多発していて、当社では孤独死の物件を扱っていますが、多少家賃を安くすれば入居は決まります。自殺はもう少しリスキーですが、入居者を入れることはできます。ただし、殺人事件に関しては、テレビ等で報道されることで他の入居者が退居してしまったり、売却するときにも大きな支障が出るので避けたほうが賢明でしょう。

Q8

「入居率」と「レントロール」、プロはどう見る？

中古の収益物件の購入を検討する際、物件資料として「レントロール（入居者一覧）」を渡されます。どこをチェックすればよいのでしょうか？　また、現状で入居率が低い物件は、やはり購入しないほうが賢明なのでしょうか？

A 賃料水準の妥当性と、入退去履歴をチェック。入居率が低い物件は、その原因を確認する

◆過去の賃料を現在賃料に引き直す

収益物件活用における収益とは賃料収入です。賃料収入は毎月安定している代わりに、営業努力で売上を大きく伸ばすこともできないため、いくらの家賃で入居者が入るか（入っているか）が、非常に重要になってきます。

物件の資料には、必ず既存入居者の入居条件の一覧表が付いています。この表を「レントロール」（賃料表）といいますが、物件の購入を検討する際には、このレントロールの妥当性を確認する必要があります。

まず、入居者の入居期間と賃料の関係をチェックしてみてください。長期間入居している人の賃料は、現在の相場賃料に比べて高くなっているはずです。たとえば、10年前に賃料10万円で入居した人が退去になったとします。10年間で賃料相場が7万円にまで下がっていると、次の入居者の募集時には3万円もの賃料下落を考慮する必要があります。つま

レントロールの見直し

部屋番号	現状の賃料	相場の賃料
101	75,000円	75,000円
102	110,000円	75,000円
201	110,000円	75,000円
202	95,000円	75,000円
合計（月額）	390,000円	300,000円
合計（年額）	4,680,000円	3,600,000円

退去すると

物件価格（利回り10％）の変化　4680万円 ⇒ 3600万円

23％ down

り、現在の賃料水準に引き直して検討する必要があるということです。**賃料収入の下落は物件価格の下落を意味します**。表を見ていただけば分かる通り、20％賃料が下がるということは20％物件価格が下がることを意味します。そのため、賃料が下がることに対しては、慎重に捉えなければいけません。

　また、法人契約で複数戸を長期間借り上げされているような物件も、借り上げが続く限りは優良物件ですが、一斉解約や家賃の引き下げを要求されたりした場合は、収益に対する打撃が大きくなります。物件価格も大きく変わってしまうことになります。

◆怪しい入退去の履歴はないか確認する

また、入退去の履歴も確認する必要があります。直近数カ月の入居が不自然に多い場合は、入居率の偽装が行われているかもしれません。物件を高値で売却するために、知り合いを高めの家賃で入居させ、賃料収入を意図的に上げて「満室」物件として売却する手法は、取引をしている現場では稀に見られます。当然、利回りを偽装するためだけに入居していた人たちは、物件が売れてしまえば一斉に退去してしまいます。物件を買った人は、空室になりキャッシュフローが厳しくなるだけではなく、賃料収入が下がってしまうので、初期段階で物件価格が大きく下がってしまうということになってしまいます。

実際当社に管理を委託された物件の中には、売主が意図的に知り合いを入居させていて、管理開始直後に約半数の部屋で退去が発生したという事例もありました。空室を埋めることはできますが、想定の賃料から10％以上下げなければならず、物件の価格が大幅に下がってしまいました。

レントロールの妥当性や近隣の家賃相場を確認するには、地元の賃貸仲介会社に直接ヒアリングすることが確実でしょう。地元の賃貸の仲介や管理会社は、その物件の家賃相場や入居者層の傾向、入居付けのしやすさなどの情報をしっかりつかんでいます。過去にその物件に直接客付けした経験のある賃貸仲介会社、および担当者に話を聞くことができればベストです。

また、その物件を購入後は、長い付き合いになる可能性があります。ヒアリングは電話だけで済ませるのではなく直接訪問して、どんな不動産会社なのかも確認しておくとよいでしょう。

◆入居率が低い原因を確認する

物件取得時において、入居率は注意すべき事項です。現在の入居率が低いのであれば、その原因を知ることが重要です。たとえば、現在のオーナーさんが資金的な面で原状回復をする余裕がなく新規の募集ができないのであれば、取得後の工事をしっかり行うことで改善は可能です。

チェックしよう！

部屋番号	入居者	入居月	家賃
101	A	平成20年４月	100,000円
102	空		
103	B	平成28年5月	70,000円
104	C	平成28年5月	70,000円
105	D	平成28年5月	70,000円

←今入ったらいくら
＝
引き直してみる

あやしくない？

しかし、迷惑住人がいて他の住人が退去してしまうとか、そもそも不人気な地域でその一帯の入居率が低いという事情であれば、そう簡単に解決はできません。また、先述したように物件で殺人事件が起きて入居率が低いという事情も解決することは難しくなります。

また、もし現在の管理会社の能力不足のために入居率が下がっているのであれば、管理会社を変更することで解決します。

つまり、**入居率を見るうえで大切なのは、物件取得後に入居率を改善できるのかどうか**です。そこが判断の分かれ目になります。その判断のためには、入居率が低い原因を特定する必要があるということです。

Q9

土地と建物の価格はどうやって決まる？

減価償却による効果的な節税のために、なるべく建物の金額を「大きく」取りたいと考えています。物件価格の中で、土地と建物の価格割合は、どのように決められるのでしょうか？

A 土地・建物の内訳は、原則として売主・買主間の合意に基づいて決定される

◆建物価格を合理的な範囲内で大きく設定する

収益物件の土地と建物の価格の内訳は、売主・買主間の合意に基づいて決定されます。この合意された金額を契約書に記載します。

ここがポイントですが、**必ず売主・買主が両者で合意する必要があります**。この合意が価格の根拠になるためです。評価証明の按分や売主の購入時の価格、簿価等いろいろな算定方法がありますが、それらは参考資料にはなっても必ずしもその金額で合意する必要はないのです。あくまでも売主と買主がお互いに合意した土地・建物の価格が最も大切になります。

先述した通り、**土地と建物の総額が同じであれば、買主にとっては、建物の金額を大きくしたほうが減価償却を大きく取れるので、利益が大きくなる**ということです。

そのためには、売主との売買契約の際に、土地・建物の価格のうち建物価格を、評価証

明や建物のリフォーム状況、収益性等を勘案して合理的な範囲でより大きく設定してもらえるよう交渉する必要があります。

※極端な割合の金額設定は認められませんので、あくまでも「合理的な範囲」での設定にする必要があります。

ただし、売主が課税業者の場合は、必ずしも買主に有利な条件を実現できるわけではありません。なぜなら、土地には消費税がかかりませんが、建物にはかかるため、売主にとっては総額が同じなのに建物価格を大きくしてしまうと手取り収入が減ってしまうからです。ただ、売主が個人（旧来の地主さんなど）の場合など、消費税を納める義務のない売主（非課税業者）も多くいます。そのような売主にとっては、建物と土地の価格の内訳が手取り収入に関係してこないので、買主の要望が通る場合が多くなります。

◆土地・建物の価格内訳は契約時以外には設定できない

土地・建物の価格は、契約時以外には設定ができません。なぜなら売買契約書に記載するべき事項だからです。

土地建物価格の関係

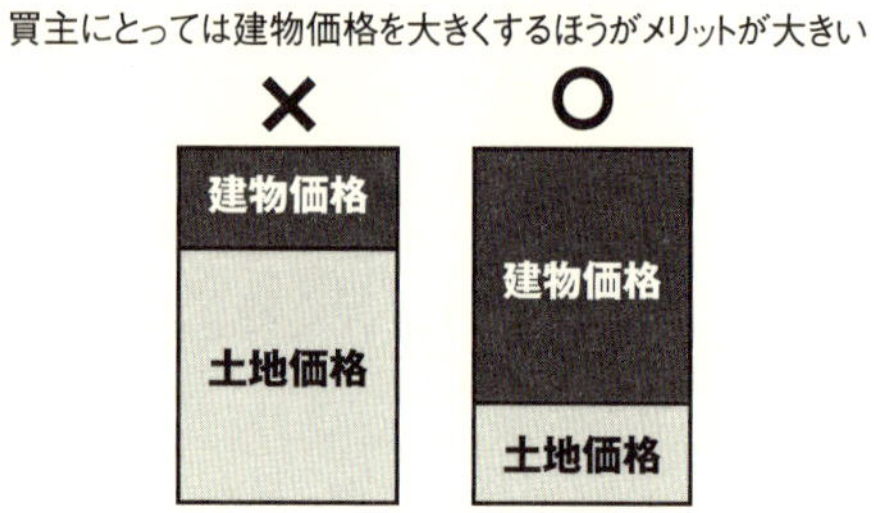

買主にとっては建物価格を大きくするほうがメリットが大きい

減価償却がどれだけ取れるかによって収益物件活用の税引後の手取り収入は大きく変わるので、買主としては「建物価格を大きく取れれば節税効果が高くなる」という知識を持ったうえで、契約に臨むべきでしょう。

そして、**売買契約書に取引の総額だけではなく、土地と建物それぞれの金額をきちんと明記してもらうことが重要**です。売買契約書に金額が明記されれば、原則として税務調査時においてもその金額が建物価格の根拠となります。

なお、不動産会社の方針などで売買契約書への土地建物価格の記載ができない場合もあります。その場合は、売主と「覚書」を交わすなどして、必ず双方が同意した土地と建物それぞれの金額を明記し、証拠を残すようにします。

建物価格の中に占める設備の価格を明記する

◆建物本体と設備価格を明記する

土地・建物の価格同様、建物本体と設備の金額も分ける場合には明記する必要があります。これは、建物本体と設備の耐用年数の違いで、設備を分けることによって初期の減価償却金額が大きくなるため、節税効果があるからです。

たとえばＲＣの物件においては、建物本体は47年の償却になりますが、設備は15年になります。築20年の物件であれば設備部分は3年間で償却できることになりますので、節税効果は大きくなります。以前は設備に関しては定率法も認められていましたが、現在は法改正により定額法のみしか認められません、それでも建物本体と設備を分けるほうが節税効果は大きくなります。当初の3年間の償却金額が大きくなるからです（P266参照）。

設備の金額も基本的には売主と買主の合意に基づき、契約書に明記します。ただし、設備の金額は建物総額の1～2割が妥当な金額となります。

ここでも契約書にきちんと明記することが大切になります。

Q10

地方の物件を検討する場合は何に注意すればいい？

都内では不動産価格高騰によって利回りの出る収益物件が見つけられなくなっています。そこで、地方の物件も検討したいのですが、土地勘のない場所での相場が分かりませんし、その後の管理・運営もできるか心配です。地方の物件は買ってもよいものでしょうか？

A　流動性の観点から、人口100万人以上の大都市圏に絞るべき

◆収益物件は大都市圏で

収益物件の活用は、基本的には首都圏、関西圏、中京圏の三大都市圏、地方であれば人口100万人以上（最低でも50万人以上）の大都市圏に絞るべきです。

収益物件の活用は賃貸・売買のニーズがなければ成り立ちません。人に貸して収益（賃料）を上げ、いつかは売却して利益を確定する必要があります。

つまり、**賃貸、売買ともにある程度の流動性がある地域でなければ、事業として成立しない**のです。流動性は都心部ほど高く、地方都市に行くほど低くなります。

少子高齢化が進む現在、日本の人口は減少が続いています。そのため全国的に空き家が増え、賃貸物件の空室率も高まっています。とはいえ全国で一律に人口が減っているわけではなく、人口が流入する一部のエリアと、逆に人口が減少しているエリアに二極化しています。

人口が増えているエリアは、基本的に東京および首都圏、関西地方であれば大阪、九州では福岡のような大都市圏だけです。人口が多い場所には仕事が生まれ、その仕事を求めてさらに周辺から人口が流入してきます。そして周辺地域は人口流出による過疎化と高齢化が加速し、地域インフラの維持コストの問題から、街の中心部に機能を集約したコンパクトシティ化が進むと予想されています。つまり中心部以外は人の住まない地域になるということです。

単に利回りが高い低いという観点ではなく、**流動性という観点を取り入れて収益物件の活用を行うことは非常に大切**です。

◆都市の規模と物件ボリュームの関係

昨今の不動産ブームにより、都心部では高利回り物件の取得は困難になっています。そこで、地方の物件に目を向ける人も多いのが実情です。先述した通り、地方物件の取得にあたっては、原則として人口100万人以上（最低でも50万人以上）の大都市圏に絞るべきです。

原則100万人（最低50万人）以上

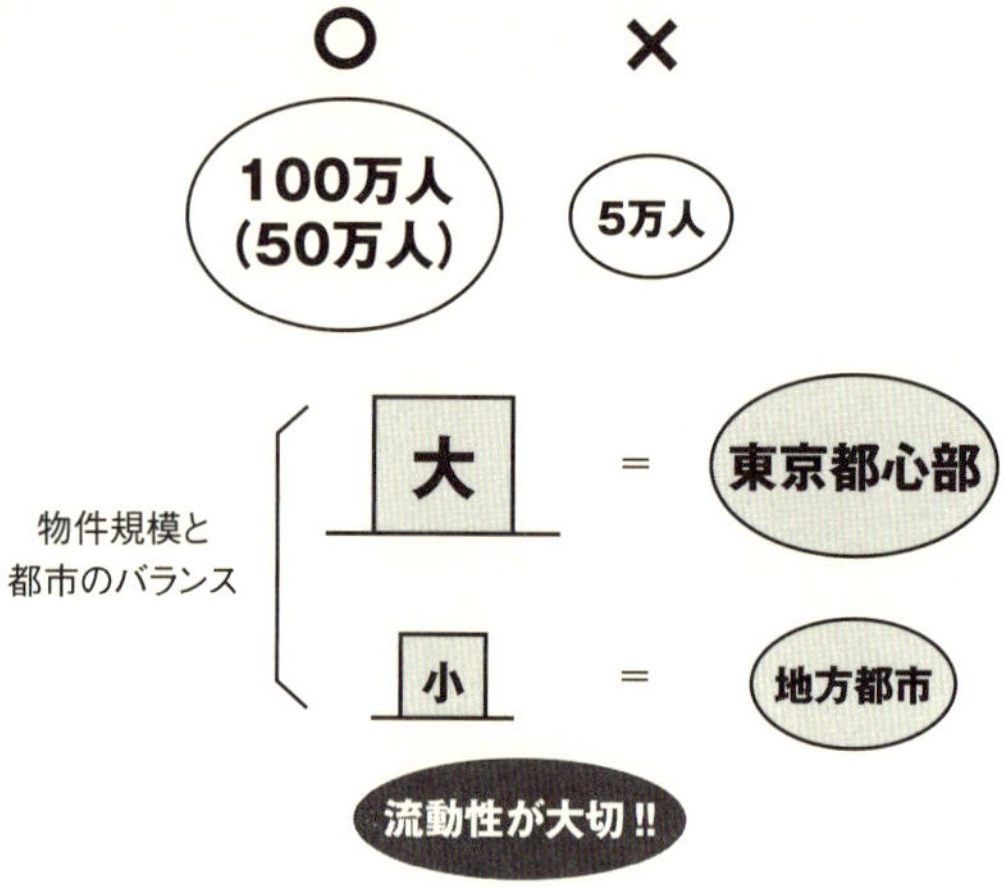

　では、50万人以下の都市では絶対に物件を取得してはいけないのかというと、必ずしもそうではありません。そこで**大切なのが都市の規模と物件ボリュームの関係**です。

　もちろん、小さな都市でも一定規模の賃貸の需要（流動性）があるという前提になります。

　具体的に話をしていきましょう。たとえば、東京都心部であれば10億円以上の物件でも右から左に物件は売れるでしょう。しかし、群馬県の高崎市（人口25万人）で10億円の物件が売れるかというと、なかなか難しいでしょう。これが流動性の違いです。

　しかし、高崎市では物件がまったく売れ

ないわけではなく、５０００万円ほどの物件ならば売れます。実際に取引をしていると分かりますが、高崎市でも1億円くらいのものであれば、景気によっては流通しています。

要するに、**都市の規模が小さければ物件の規模も抑えることが大切**だということです。逆に、小さい規模の都市で大規模な物件（たとえば、高崎で10億円の一棟マンション）を買うことは、流動性が落ちるので非常に危険だといえます。特に景気後退期にはこの傾向が強くなります。

◆現地の管理会社選びが成功のカギ

東京に住んでいながら福岡や仙台などの遠隔地に物件を取得し、自分で物件を運営するというのは現実的ではありません。運営は管理会社に任せることになります。

地方物件を取得する際は、同時に管理会社の選定をきちんとする必要があります。逆に言えば、適切な管理会社が見つからない場合は物件の取得もあきらめたほうがよいということです。

特に小規模の地方都市においては、管理会社自体の数も少ないので、より慎重になる必要があります。

実際に入居者を決めてくれるのは管理会社ですから、管理能力の高い会社でなければ、いくら良い物件があっても空室は埋まりません。

そういう意味からも、地方都市への投資は、信頼できる管理会社を見つけることができるかどうかが、物件選定とともに成功への鍵を握っているといえます。

第2章

長期・低金利の
好条件で融資を引き出す
融資編Q&A

Q1

自分はいくらまで借りられるでしょうか？

自分がいくらまで融資を受けられるか知りたいのですが、何か基準のようなものはあるのでしょうか。金融機関には買いたい物件が決まってから、相談に行こうと思っているのですが、どの価格帯の物件を選べばいいのか分からず、ターゲットが絞り切れません。

A 個人の属性によって借入可能額は決まる

◆借りられる金額から逆算して物件を探す

収益物件を取得する手順として、まず物件を探して次に融資を付けるというのが一般的な考えですが、私はまず借り入れのめどを付けてから物件を探すという順番を推奨しています。

なぜなら収益物件は高額であり、借り入れができなければ買えないので、物件だけを探しても意味がないのです。

「自分は総額いくらまで借りられるのでしょうか？」

これは物件の取得を希望する投資家の方から頻繁に受ける質問ですが、結論からいえば、一人ひとりの属性や資産背景によって異なります。また、金融機関の方針やそのときの融資姿勢によっても変わってくるので、明確な一つの答えというのはありません。

繰り返しになりますが、収益物件活用は、資金調達（借り入れ）ができないことには始まりません。**自分はどこの金融機関で、総額いくらまで借りられるのかのめどを立ててから、逆算して購入可能な物件を探すほうが明らかに効率的**です。金融機関から受けられる借り入れの限度額によって、どの程度の規模の収益物件を取得できるかが決まるからです。

物件探しにばかり熱心で、いざ物件が見つかってから慌てて融資付けに動く人もいますが、買付が多数入るような人気物件を狙う場合は、結局は買うまでのスピードで競合に負けてしまいます。最も素早いのは当然ながら現金で買う人、次に融資の内諾を最初に得た人が購入権を得ます。売主側からすれば、実際に買えるかどうかも分からない人を融資特約付きで待つよりも、確実に買える人を優先したいのは当然です。

そして、何よりも物件を紹介する不動産会社の立場を考えていただければよく分かります。

◆事前に不動産会社に相談する

この立場は特に物件を紹介する不動産会社にとっても大切です。買えるか買えないか、つまりお金を借りられるか借りられないか分からない人よりも確実に借りられる人に物件を紹介します。

つまり、**良い物件を紹介されるためには、自分が借りられるということを不動産会社側に理解してもらっておく必要がある**ということです。

そのためにも、まずは自分がいくらくらい借りられるかの相談をすることをおすすめします。もちろん金融機関に直接行ってもいいのですが、すでに多くの取引をしている不動産会社に行くほうが、すべての金融機関を対象に考えてくれるので効率的です。

私の会社でも、取引の99%が当社からの紹介での融資になっています。

◆融資可能額は個人の属性によって決まる

金融機関は融資をするにあたって、借り手と物件の両方を審査します。しかし、**日本ではまだ物件にお金を貸すというよりも、個人の属性に貸すというスタンスが基本**です。

もちろん物件の審査も当然ありますが、個人の属性が悪いのに物件の評価が高いから貸すということはありません。個人の属性は大学入試の一次試験のような位置付けです。個人の属性がクリアされ、次に物件の審査という順番です。

サブプライムローン問題でも話題になりましたが、米国では、住宅でもノンリコースローンが主流です。つまり、物件を担保にお金を貸し、もしローンが支払えなくなったら担保である物件を引き渡せば、それで債務はなくなります。しかし、日本はリコースローンであり、物件の価値が残債を下回った場合、差額は債務者の借金として残ります。そのため、個人に返済能力があるかどうかが重要視されるのです。

個人の属性は、定量面・定性面の両方から判断されます。

定量面では、会社の経営状態を診断するのと同じように、その人のB／S（貸借対照表）とP／L（損益計算書）を作成し、資産超過であることと、毎月のキャッシュフローがプラスであることが必須条件となります。

このB／SとP／Lによって金融機関は属性を格付けします。つまりこの属性に対していくらまで貸すという基準を作るのです。単純に例えるなら、コップの大きさが決まるということです。属性が良い人は大きなコップ、属性が悪い人は小さいコップです。

ちなみにその基準は一般的には、絶対額と信用額になります。絶対額とは貸し出しの額そのものです。5億の融資であれば5億円というものです。

信用額というのは、貸出額から担保評価を引いた額です。つまり、担保に取れていない

借入可能額は属性で決まる

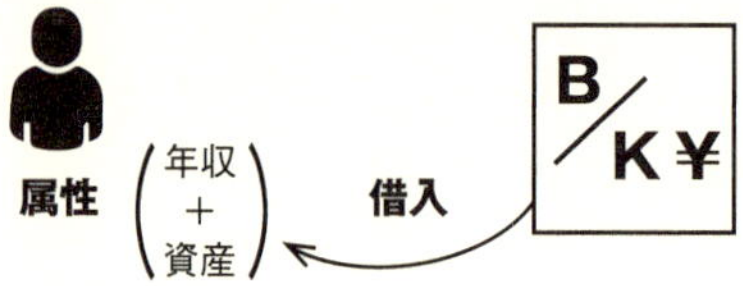

金額のことです。この二つの枠が属性によって作られます。

次に定性面ですが、定性面は定量面を補完する位置づけです。たとえば、年収３０００万円の人でも固定でその収入なのと全額歩合なのでは意味合いが違ってきます。当然、前者のほうが安定していて、後者のほうは不安定とみなされます。このように定性面は定量面を補完する意味合いがあります。

Q2

融資期間は何年以上にするべき？

不動産を購入するとなると、数千万から億単位の金額を借り入れすることになります。金利負担も多額になるので、借金は早く返済したほうがよいのでしょうか。融資期間は何年以上にしたらよいのか教えてください。

A　最低15年、できれば20年以上キャッシュフローが回るように設定する

◆借り入れは金利・借入期間・借入割合の3点で考える

収益物件活用における資金調達は、キャッシュフローが回るかどうかという基準で判断するべきです。収益物件の活用とは、ある意味で会社経営的な側面もあり、**いかに倒産を防ぐか（つぶれないようにするか）という観点が重要**です。そのため、資金調達においては三つのポイントを抑える必要があります。金利、借入期間、借入割合（額）です。

3点の説明を行う前に、結論として何が良い条件なのかを知る必要があります。それは、低金利で借入期間は長く、そして自己資金をなるべく使わないことです。

金利が3％よりは1％のほうがいいことは誰にでも分かります。金利＝コストなので、コストが下がるほど利益が大きくなるからです。しかし、期間を長くすること、そして借入割合を高めることは、金利を低くすることと同等かそれ以上に重要です。

借入期間を長くするのは、安定したキャッシュフローを得るため、つぶれない経営をす

るためです。借入期間が短いほどキャッシュフローはプラスになりにくくなります。なぜなら、毎月支払う元金と金利の合計が大きくなるからです。場合によっては損益計算書上の利益が出ているのにキャッシュフローが回らず「倒産」という事態にもなりかねません。物件の利回りにもよりますが、借入期間は最低でも15年、できれば20年以上は確保するべきです。

極端な話、多少金利が高くなっても期間を延ばすという選択肢もあります。それほど「期限の利益」を得るということは重要です。

次に借入割合です。物件取得にかかる総額のうちいくらを借り入れるかという視点です。これはキャッシュフローの問題と手元流動性のバランスになります。自己資金を多く入れれば（つまり借入割合を下げれば）キャッシュフローはプラスが大きくなります。

しかし、それでは収益物件活用の意味がなくなってしまいます。収益物件活用のメリットとして自己資金を使わずに行えるという点があることを本書の冒頭で説明しました。自己資金（手元流動性）はイザというときの備えや他の運用に使うことができるのです。

また、仮に自己資金を多く入れなければキャッシュフローが回らないような物件は、その時点で問題があると判断もできます。

借入ポイント

キャッシュフローが回るように借りる

・金利
・期間
・借入割合

3つのポイント

特に借入期間はできるだけ長く

×		○
10年	**<**	**20年**

以上の3点をトータルで考えて、借り入れ条件を交渉する必要があります。

Q3

収益物件に融資をしてくれる金融機関には、どのようなところがある？

収益物件を購入する際には融資を利用することになりますが、どのような金融機関が融資してくれるのでしょうか？

また今まで借り入れしたこともないのですが、どのように金融機関にアプローチすればよいでしょうか？

A 経営者なら「オーダーメイド型」、サラリーマンなら「パッケージ型」

◆融資の二形態

収益物件への融資には、大きく分けて二つの形態があります。私の造語になりますが、「パッケージ型」と「オーダーメイド型」の二つです。

パッケージ型とは、ある程度商品が決まっていてその決まった条件で貸し出しが行われるものです。金利、期間、融資割合がある程度決まっており、それに当てはめて融資を行います。ある意味、住宅ローンに近い形のアパートローンです。一部の地方銀行やノンバンクがこの商品を展開していますが、金融機関のなかではこのような商品を持っているのは少数派です。

もう一つがオーダーメイド型のアパート融資です。これは、属性や物件に応じて個別に融資条件を決めていくものです。一案件ごとに、金利、期間、融資割合を決めていくのでオーダーメイドとなります。ほとんどの金融機関で行っているのはこのパターンです。

その他、最近はオーダーメイドとパッケージの中間のポジションを取る金融機関も出てきています。

いずれにしても、近年は各金融機関とも収益物件に対する融資に積極的な姿勢が見られます。これは、製造業を中心として融資金額自体が減少傾向にあり各金融機関としても新たな貸出としてアパート（収益物件）への融資を強化していることが背景です。

◆サラリーマンは「パッケージ型」アパートローンを狙うのが基本

近年、収益物件活用が一般的に認知されて市場が形成されてきたこともあり、一部の金融機関ではサラリーマン向けの「アパートローン」がパッケージで提供されています。スルガ銀行、オリックスなどの一部の地銀・ノンバンク系のみならず、他の金融機関にも同様の商品があります。

この商品の特徴は、「融資条件」が項目ごとに決められていることです。具体的には、借入資格等（年齢・収入など）や、融資金額の上限、返済期間などがあらかじめ提示されており、この融資条件のなかに当てはまる人と物件のみが融資対象となります。

融資金額は物件の担保評価から算定され、担保評価の金額を超えて融資することは原則ありません。また、融資金額の上限が1億円であれば、いくら担保評価が高くても1億円までしか融資しませんし、融資割合（物件価格の90％や70％といった具合）、融資期間（税務上の耐用年数－築年数など）、金利等がすべてルールとして規格化されており、原則としてその範囲内で融資します。

このように条件をある程度パッケージ化して審査を簡便化し、融資が出やすくなっていることはメリットですが、他の地方銀行や信用金庫と比べると一般的に金利は高くなる傾向があります。

◆経営者は「オーダーメイド型」ローンを狙う

オーダーメイド型の融資を行っているのは、全国の地方銀行、信用金庫といった地域密着型の金融機関です。こちらのほうが数は断然多く、一般的です。

このような金融機関は、もちろん物件の担保評価は取りますが、たとえ担保評価が低くても借り手に信用があれば評価を超えた融資もしますし、融資期間、金利もその案件によって決定されます。つまり、その案件ごとにしつらえた、まさにオーダーメイド型の融資といえます。

会社経営者や地主層は後者のオーダーメイド型の金融機関を利用するのがよいでしょう。パッケージ型の融資よりも圧倒的に好条件で融資が受けられます。ただし、**属性に貸すという側面がより強いので、利用できるかどうかは借り手の属性次第**です。

◆金融機関には必ず紹介で行く

では、金融機関にはどのような形でアプローチすればよいのでしょうか?

結論からいえば、必ず紹介で行くことです。金融機関は非常に堅実な組織であり、誰にでもお金を貸すわけではありません。飛び込みで来た顧客に簡単にお金を貸すということはなく、時間をかけて慎重に審査をします。

そこで重要になってくるのが「紹介」です。それも**物件を取引している不動産会社の紹介が最も効果が高い**でしょう。特に、過去に自分が取引のない金融機関に行く場合は必ず不動産会社の紹介を利用するべきです。金融機関にとって不動産会社は、重要な取引先で

属性に応じて自分にあった機関で借りる

会社経営者　＝　「オーダーメイド型」

属性、物件に応じた
個別の条件

会社員　＝　「パッケージ型」

金利・期間は
あらかじめ
決まっている

す。その信頼できる取引先からの紹介であれば、金融機関も話を進めやすくなるのです。

さらに紹介には別なメリットもあります。それは、**不動産会社の見極めにもなる**ことです。金融機関と継続して良好な関係を築いているということは、一つの信用になります。堅実な金融機関が継続的に取引する不動産会社は、まっとうだと判断して間違いないでしょう。逆に言えば、金融機関との取引がない不動産会社との取引は少し慎重になるべきです。

実際当社ではほぼすべての案件を金融機関に紹介させていただき、お客様に融資付けをしています。これによってお客様にも喜ばれますし、金融機関にも貸し出しが増え喜ばれるという好循環になります。

Q4

連帯保証人は絶対に必要？

妻が収益物件活用に不安感を持っており、億単位の借金をすることに大反対しています。ましてや、連帯保証人になるのは絶対に嫌だと言っています。収益物件を購入するにあたり、配偶者の連帯保証は絶対に必要でしょうか？

A 個人では基本的に必要。ただし団信に入ることで不要なケースもあり。法人では連帯保証なくてもできる可能性あり

◆連帯保証人は必要か

個人で融資を受ける場合、基本的には金融機関は法定相続人の連帯保証人を求めてきます。具体的には、配偶者の連帯保証を求められるケースが多いでしょう。ただし、昨今は連帯保証という制度に対して風当たりが強くなってきていることもあり、団体信用生命保険に加入することで保証を免除しているケースもあります。原則は必要なものの、金融機関ごとに対応はまちまちといったところです。

万が一の場合（死亡時）に相続人が必要になるというのが、保証人を求められる理由ですが、連帯保証人となると基本的には債務者と同等の責任を負うので、責任は重大です。そのため、配偶者の同意を得られずに物件の取得をあきらめたというケースもあります。

連帯保証を求められるという件のみならず、夫婦間の理解・協力関係がなければ収益物件活用を円滑に行うことはできません。たとえば、奥様の理解がないと、貴重な休日に物

件を見に行ったり、管理会社との打ち合わせに行ったり、新たな知識の吸収のためにセミナーに行ったりということが難しくなり、結果として収益物件の活用に取り組めなくなります。

何よりも、何千万円、何億円という投資を配偶者の同意なしにすることは、夫婦関係に亀裂を入れることになるのでおすすめしません。**基本的には、大賛成までいかなくても配偶者の同意を得たうえで行うべき**だと思います。

逆に二人できちんと合意すれば、収益物件の活用という取り組み自体が夫婦関係を良いものに導きます。

夫婦で力を合わせて一つの事業を行う機会は、意外と少ないものです。私の会社のお客様でも、収益物件活用を始めたおかげで夫婦が力を合わせて取り組むことができ、夫婦関係が円満になったという話は多々あります。本気で取り組むならぜひ配偶者を味方につけられるよう、粘り強く説得することをおすすめします。

◆団体信用生命保険を利用する

しかしながら、どうしても配偶者が連帯保証に応じてくれないケースや、独身で連帯保証人を立てられないというケースもあります。

その場合には、団体信用生命保険（団信）を掛けることで保証人が不要になります。この保険に入ることで万が一の場合（死亡時）には借入がなくなるというものです。しかし、団信加入の際に若干金利が上がることや、融資金額に上限（基本的には総額1億円、機関によっては3億円）があることから、利用については金融機関と交渉する必要があります。

一般的に団体信用生命保険で対応できるのは先述の「パッケージ型」の金融機関です。住宅ローンは現在ほぼすべて団信で対応していますが、それと同様にアパートローンにも団信を使って対応しています。

◆法人での取得で自分が連帯保証人になる

また、法人（資産管理会社）を設立して、その法人で物件を購入することで、配偶者の

連帯保証人がいなくてもよいケース

①団体信用生命保険に加入する

②法人で借りて自分で連帯保証する

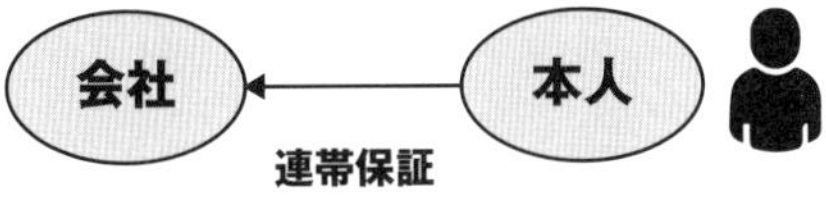

連帯保証なしでの借り入れを可能にすることもできます。**法人で借り入れをするにあたって、その法人の代表者である自分自身が連帯保証人になるということです。**

　これによって実質的には保証人がなくても（自分が保証人）借りられることになります。以前は法人で取得する場合にも配偶者の連帯保証を求めるケースがありましたが、最近は不要なケースがほとんどです。

　背景としては、平成26年頃より金融庁が連帯保証人に対してのガイドラインを定め、原則として中小企業のオーナー社長の連帯保証人を外す方向に舵を切り始めたことがあります。日本の中小企業の代表者の保証が重すぎるという議論があったためです。

　実際に私の会社では、新規の自社の借り入れに関して、ほぼすべての金融機関で代表者である私の連帯保証人を外してきています。世の中の流れが保証人を外す方向になっていることは間違いありません。

Q5

フルローン・オーバーローンで借りられる条件とは？

収益物件を購入する際、自己資金の割合をできるだけ減らし、フルローン、できればオーバーローンで融資を受けたいと考えています。今は、なかなかフルローンは出ないといわれていますが、どうすれば物件価格以上の融資を受けることができるのでしょうか？

A　物件の担保評価額＋買主の信用貸し出し枠が、物件価格を上回っていること

◆担保評価と借り入れの関係

フルローン・オーバーローンを引ける物件＝積算評価の高い物件。そう考えている人も多いでしょう。たしかに固定資産税評価額より売値が高い物件であれば、担保評価が高くなりフルローンが出やすくなるのは事実です。なぜなら、万が一借り主が返済不能の状況に陥った場合、金融機関は担保不動産を競売などで処分して資金を回収することになりますが、担保評価が高いほど、金融機関は多くの資金を回収できる可能性が高いからです。

しかし、物件は必ずしも積算価格だけで評価されるのではありません。金融機関それぞれに評価の基準を持っていますが、収益還元法で判断する銀行もあれば、積算を重視する金融機関、両方を見る金融機関、それぞれです。そして出された評価額に応じて担保評価の額が算出されます。

◆信用での貸し出し

金融機関は担保評価の金額の範囲でしか融資をしないということではありません。金融機関の担保評価では、通常「掛け目」が入り、一般的には売買価格（市場価格）を上回ることはほとんどなく、売買価格の60～70％で評価されます。

前述の通り、金融機関は物件の担保評価だけではなく、借り主の属性に重きを置いて融資をします。どちらかといえば、この属性のほうが重要だということです。そして、物件の担保評価を超える範囲の融資は、「信用」での貸し出しとなります。つまり担保を取れていない部分の貸し出しということになります。特に、先述したオーダーメイド型の融資を行っている地方銀行、信用金庫はこの信用での貸し出しに柔軟で、**フルローン、オーバーローンが出るのはこのオーダーメイド型の融資になります**。パッケージ型の融資はどんなに属性が良くても融資割合がパッケージとして決まってしまうので難しいといえます。

たとえば、1億円の物件を1億円の融資を受けて取得する場合、金融機関の担保評価が7000万円だとすれば、その差額である3000万円は借り主の信用での貸し出しということになります。この信用での貸し出しをどれだけできるかというのは、その個人の属

信用と担保評価

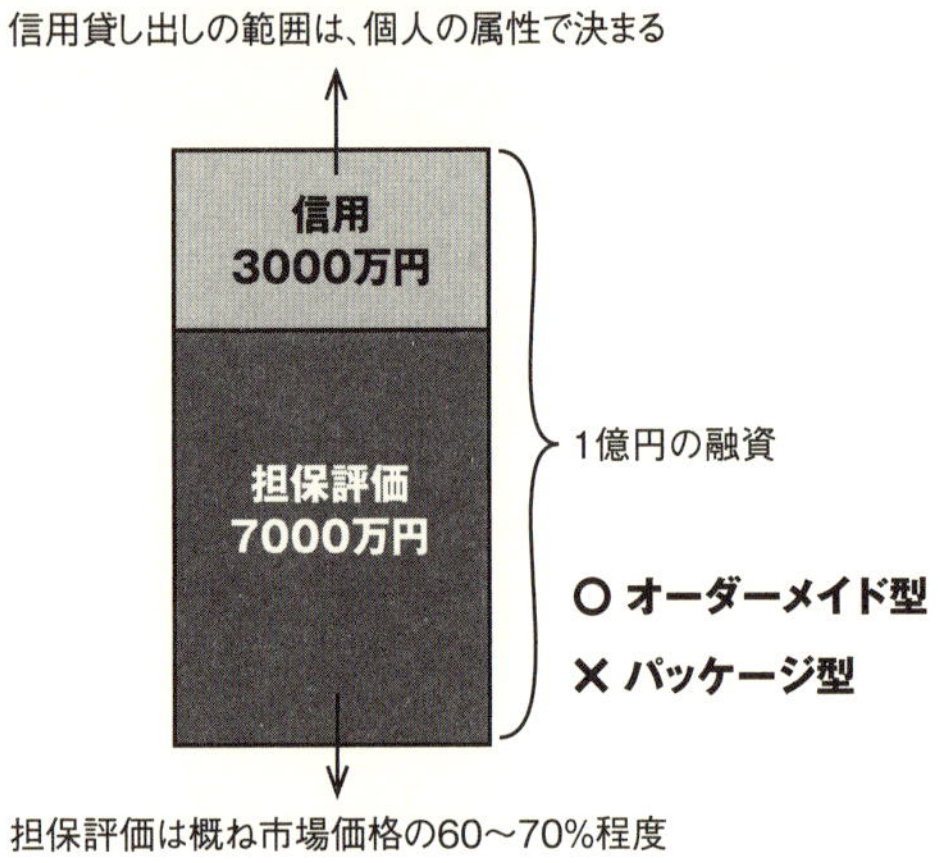

性によって変わります。

どこまで信用で貸し出しをするかは、個人の属性に応じて金融機関ごとの判断になります。個人の属性によって融資可能な金額を設定するということです。属性とは、個人の場合は年収や持っている資産、個人事業主や法人の場合は主に経営している本業の経営状況によります。具体的には、売上や利益や内部留保などです。

極端な話をすれば、属性が良ければどんな物件でもフルローン、オーバーローンが出るのが現実です。実際、当社のお客様のなかにも物件にかかわらず必ずオーバーローンが出るという人が多数います。

ただし、原則は属性と物件の担保評価の掛

け合わせで融資が行われるので、金融機関にとっては担保評価の高い物件のほうが貸しやすいのは事実です。

また余談ですが、金融機関は、自社での貸出額と、その人が受けている他の金融機関も含めた全体の借入総額という二つの視点で見ています。

まず自社の貸し出しですが、一人の相手先に対して総額いくらまで、信用額でいくらまでという基準を持っています。

自社では貸し出しをしていなくてもすでに他の金融機関からの借り入れが多く、これ以上の借り入れはできない（させられない）という判断をされる場合もあります。これは総体での借り入れが限度にきているという状況です。それ以上の融資を受けるには、属性をさらに上げるか、資産の整理をして借り入れ枠を空ける必要があります。

Q6

固定金利と変動金利、どちらを選ぶべき？

日本では超低金利状態が長く続き、マイナス金利の導入により金利は史上最安値を記録しています。この水準で固定金利にしておいたほうがいいのか、より金利の安い変動金利を選択すべきなのか、迷っています。

A 基本は変動か短期（5年以下）の固定

◆基本は変動金利か短期固定金利

現在（平成28年5月現在）は史上最低の金利水準になっています。今後金利が上昇していくリスクはありますが、基本的には変動金利、もしくは5年以内の短期固定金利がおすすめです。

なぜかというと、20年などの長期固定金利を組んだ場合、途中で売却する場合には、違約金がかかるケースがあるからです。私が取引した中では、2億円弱の物件を取得するにあたり取得時に20年の固定金利を選択し、取得から5年目で売却したときに、1000万円程度の違約金がかかったという事例もあります。

違約金は取得時の金利と売却時の金利、さらには借入期間などによって決まるので一概にいくらとはいえませんが、**途中売却の可能性がある場合、超長期の固定は売却の足かせとなる**のは事実でしょう。

収益物件は、マイホームと違って未来永劫持ち続けるものではありません。もちろん無理に売る必要はありませんが、そのときの状況によって、売却して利益確定したり資産を組み換えたりと、利益が最大化するように経営判断を下していく必要があります。

特に、個人で物件を取得するに当たっては、取得から5年超で長期譲渡になります。長期譲渡になれば譲渡益に対してかかる税率が約40%から20%に一気に下がるため、売却をするケースが多いのが事実です。つまり収益物件の活用においては5年というのが一つの区切りになるため、**借入条件は変動もしくは5年以下の固定金利を選択するのが合理的**といえるのです。

また、物件を売らざるを得ない事情が発生することもあります。私が取引をして経験しているなかでは、本業の業績悪化や離婚によって売らざるを得なくなったという事例もありました。

◆目的に応じて選択する

しかしながら、**「金利が低いときには長期で固定のローンを組む」というのは、資産運**

目的に合わせて条件を選ぶ

原則　**変動 or 短期固定（5年以下）**

長期固定は売却時ペナルティーあり

物件を売らない ——> 長期固定

用の鉄則でもあります。収益物件活用の最大の目的は、「副収入」「貯蓄」「生命保険」「節税」の４つの活用方法を通じて資産を守ることですが、「副収入」や「生命保険」をメインの目的に据えていて、将来的な売却を考えていない場合であれば、長期の固定金利を選択するのもいいでしょう。また地主さんのケースで多いのですが、先祖伝来の土地に収益物件を建築し絶対に売却はしないという案件もあります。このようなケースは現在の最低金利のときにできるだけ長期の固定金利を選択するというのは合理的な判断になります。

　現在の市況を考えれば、これ以上金利が下がることは考えにくく、下がったとしてもその幅は微々たるものです。収益物件活用の大きな変動要因である金利が固定されることで、より安定的な運用が可能になります。

　あくまでも収益物件活用の目的に沿った形の借入条件にすることが大切です。

Q7

地縁のない地銀からオーダーメイド型の融資を受けるには?

信金や地銀は、地縁のない個人が融資を受けるのは難しいと聞きました。属性も満たしているので良い条件でオーダーメイド型の融資を受けたいと思います。何か良い方法はないでしょうか?

A 不動産会社の紹介を受けることが近道

◆信金・地銀からの融資

信金や地銀の事業目的は、「地域の経済活動の発展へ寄与すること」となっています。つまり、「地域で商売をしている人」への融資がメインであり、収益物件活用を始める会社員などに融資をするのは一般的ではありません。まして、地元以外の人であればなおさらです。

ただし、しかるべき紹介がある場合は、会社員でも地銀から融資を受けられる可能性があります。一般的には、物件を取引した不動産会社から金融機関を紹介してもらうのがよいでしょう。

金融機関にとっては、取引実績のある不動産会社からの紹介であれば、その会社を信用したうえで融資を伸ばすことができます。また、不動産会社も融資が付くことで物件を販売できるので売上が上がります。買主は、地縁のない銀行からでも手間なくかつ良い条件で融資を受けられるということで、三者にとって都合がよいのです。

実際、私の会社では、会社員や他エリアに居住している方（通常では融資を受けらない方）を対象に地域の金融機関（地方銀行、信用金庫）から融資を受けるお手伝いをしています。当社が取引のある金融機関を紹介することで優遇した条件で融資が受けられるのです。ちなみに、オーダーメイド型の融資では、案件によりますが、金利1％台で、期間20〜30年間、フルローンという好条件での融資も多く出ています。このことからも、**地縁や取引実績のない金融機関には、必ず取引をする不動産会社の紹介で行くべき**です。

金融機関によって融資姿勢や基準は様々なので、紹介を使いながら、自分の属性や状況で融資してくれる金融機関を見つけるというのが、資金調達の有効な手法です。

逆に金融機関を紹介してくれない不動産会社には、注意をしたほうがいいかもしれません。**金融機関との信用関係が築けていない不動産会社は、社会的な信用が担保されていないい**ことと同義だからです。

◆金融機関との付き合い方

会社経営者が、個人で信金や地銀から初めて融資を受けようとするならば、まずは経営している会社で運転資金を借りることから関係を作るというのも一つの方法です。特にまだ物件が決まっていない段階であれば、なおさら有効です。物件が出たときにスムーズに融資を受けるための実績づくりができるからです。金融機関にとっては、お金を貸したという実績、そしてきちんと返済を受けたという実績が極めて重要です。この実績を積み上げることでより大きな金額の融資を受けることが可能になります。金融機関は実績のある相手により多くの金額を融資したいと思っているのです。

また、金融機関との付き合いの中で投資信託や保険を購入したり、定期預金、定期積み金をするというのも大切です。現在は金融機関でも融資をするだけではなく、様々な金融商品を販売しています。それらも支店や担当者の成績になります。ただお金を貸してくれというだけではなく、金融機関側からそのような依頼がある場合は可能な範囲でお付き合いをするというのは大切になります。そのようにお付き合いをしてくれる先に対しては融資も積極的に取り組もうとするのはやはり人間だからです。

取引する不動産会社の紹介が望ましい

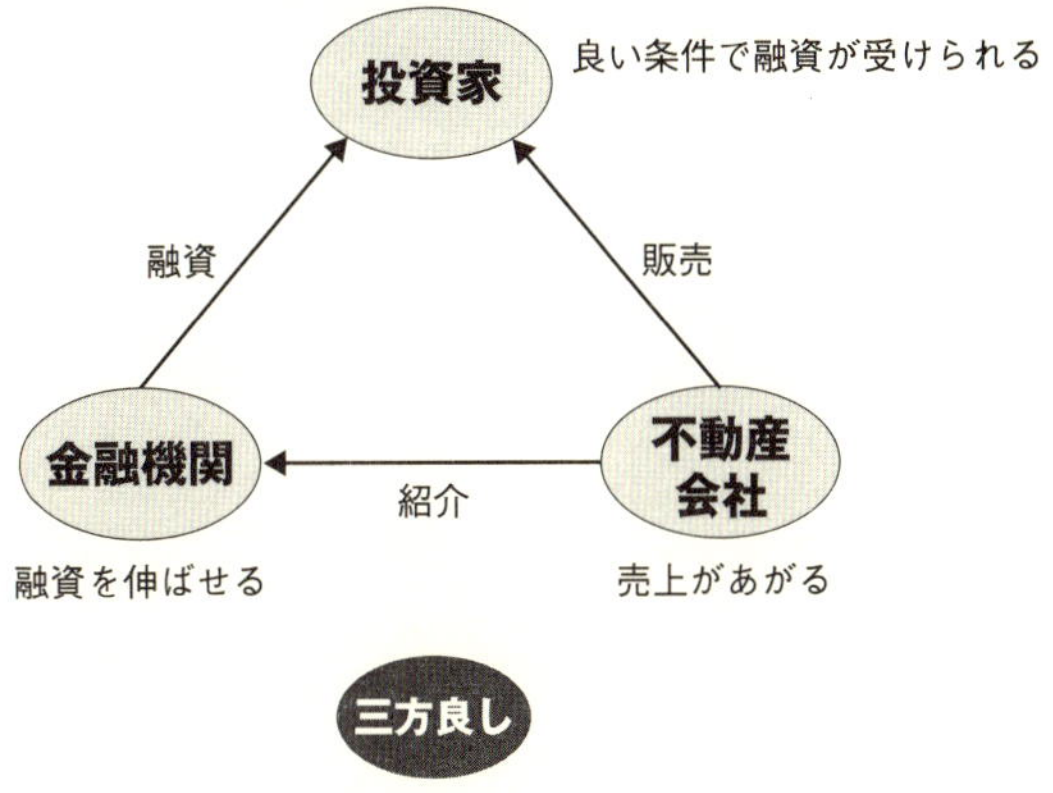

ちなみに私は、金融機関の方からのすすめで多くの保険に入っていますし、またいくつもの投資信託や債券といった金融商品を買っていますが、それは金融機関とのお付き合いと割り切っています。ただこちらの都合で融資をしてもらうだけではなく相手の立場、相手の望むことに対応していくことも大切だからです。

収益物件の活用においては融資による資金調達が不可欠ですから、いかに金融機関との関係を構築するかを考え、展開していく必要があります。ただし、前述したように基本的には不動産会社を通したお付き合いをするのが最もよいでしょう。

Q8

現状の高い金利を下げるには？

私が数年前に借りたアパートローンの金利は、現在の水準に比べるとかなり高いと思います。金利の引き下げ交渉を効果的に行う方法はないでしょうか。

金利の引き下げが受け入れられない場合は、他行での借り換えも検討したいと考えています。

A 金利交渉し、下げられない場合は借り換えする

◆他金融機関の条件をとり、現在の金融機関と交渉する

利益の最大化を目指すためには、調達金利は少しでも抑えたいところです。利用しているローンの金利が高い場合、まず検討すべきなのは借りている銀行への金利の引き下げ交渉です。

しかし金融機関にとって金利は重要な収益源。当然ながら金利の引き下げは不利益でしかなく、できれば応じたくないものです。そのため、ただ漠然と「金利を下げてほしい」と伝えるだけではなく、順序立てた交渉が必要になります。

効果的なのは、まず他の金融機関の金利や条件についての情報を調べて、交渉の材料にすることです。要するに〝相見積もり〟のようなものです。そして現在の借入金融機関の担当者に「金利について相談したい」と連絡し、金利交渉の余地があるかどうか、融資スタンスや感触を確認します。

実際に交渉をする際には「○○銀行からは、金利○％で借り換えの打診を受けています。できれば貴行とのお付き合いを続けたいので、金利の引き下げをお願いしたいのですが」等と具体的に伝えるのがポイントです。

銀行側が「借り換えをされるよりは、金利の引き下げに応じたほうがよい」と判断した場合は、後日、新たな金利条件が提示されます。一般的には金融機関は他の金融機関に借り換えられてしまうのはダメージが非常に大きいので、どこまで下げられるかは個別の問題として金利交渉には応じてくれる場合が多いのが実情です。ただし、私が把握している限り一部の金融機関では内規で一切交渉に応じないというスタンスを取っている金融機関もあります。

◆借り換えは今後の付き合いも考えて慎重に

金利の引き下げ交渉が受け入れられなかった場合は、他の金融機関での借り換えを検討します。一般的に借り換えの場合は新規で融資を出すよりも金融機関側のハードルは下がります。貸しやすくなるということです。なぜならすでにその案件に融資をしている他の

金利を下げるステップ

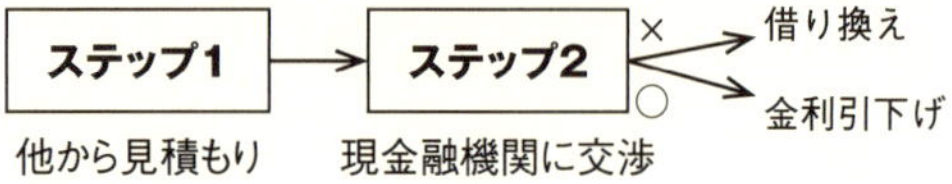

金融機関があるという実績、そして返済をしてきたという実績があるためです。この実績があることで借り換えの資金を出す金融機関にとっては融資のハードルが下がります。そのため、きちんと借り入れを返済してきた実績は示せるようにしておく必要があります。逆に空室が多くて返済を延滞したという実績が出てしまう場合は、借り換えは難しいでしょう。

一方、借り換えには、金利が低くなるというメリットがある反面デメリットもあります。

最も大きなデメリットは既存の金融機関と以降の取引ができなくなってしまうリスクです。これも金融機関ごとに対応は異なりますが、私が取引している一部の金融機関では借り換えられてしまった場合は、その方とは二度と取引をしないことを決めています。

オーナーさんとしては少しでも金利を下げたいのがやまやまですが、収益物件の活用には今後も金融機関からの融資が不可欠ですから、複数物件がある場合はすべて借り換えるのではなく一部残すなど、後々の付き合いを考えて円満な関係を維持しておくべきです。

Q9

「共担」を求められた場合は？

ある金融機関に収益物件への融資を申し込んだところ、担保評価が足りないので不足分の自己資金を入れるか、他に共同担保を入れてほしいと言われました。自己資金はなるべく残しておきたいのですが、他の不動産は自宅しかありません。共同担保は絶対に必要なものなのでしょうか？

A 取得物件だけを担保に入れるのが原則。共同担保は原則しない

◆共同担保とは

共同担保とは、一つの債権の担保として、複数の物の上に担保権を設定することをいいます。

具体的には、金融機関が収益物件への融資を実行するにあたって、融資対象の不動産だけでは担保価格と借り手の信用力だけでは融資希望額に満たない場合、不足分の自己資金を入れるか、他に所有する不動産を担保として差し入れることを求められることがあります。

つまり、担保（保全）の補完という意味合いがあります。

また、それだけではなく自宅を共同担保に求める場合は、担保補完という意味合いよりはどちらかというと自宅を守るために返済を怠らないという精神的なコミットのために求めるというケースもあります。

共同担保として求められるのは、自宅であったり、他の収益物件だったり様々です。

まず、前提として理解するべきなのは、**収益物件の資金調達においては、原則として購入物件を担保に資金を調達する**ということです。他に担保を入れるというのは本筋ではないということです。そのため、共同担保を求められるということは、その物件の担保評価が極端に低いか、あるいは属性に問題があるかということが考えられます。

ただし、一部の金融機関では物件や属性うんぬんの前に標準として共同担保を求める金融機関もあります。

◆金融機関との交渉が必要

金融機関は、確実に返済をして金利を払ってくれる優良顧客を求めています。そのため、あの手この手を使ってリスクを低減し、顧客を引き留めて借り換えされないような状況を作ろうとします。共同担保を求めるのも、その一例です。しかし、借りたい一心で、安易に条件をのまないように気をつけなければなりません。

共同担保は、いわば借金のカタにとられた人質のようなもので、融資を受ける側にとっては非常に不利な条件付けです。共同担保に取られた物件は、単独では売却や借り換えができなくなるため、長期的な経営計画が崩れてしまう可能性があります。

金融機関にとっては一度付けた共同担保を外すメリットはないので、返済が進んでいても共同担保はなかなか外してくれません。共同担保を確実に外すには、別の担保を提供するか、債務を完済するしかありません。

収益物件活用で資産を構築していくためには、融資を受けながら物件の数を増やしていく必要があります。物件や取引先が増えるごとに、資金の振り分けバランスも考えなくてはいけません。

金融機関は、自社の利益のためにできるだけリスクなく貸付を行おうとします。しかし、特に共同担保を入れてしまうと、所有物件の権利関係が複雑になり、後々まで経営に影響しますので、自宅に限らず他の所有物件でも、できるだけ避けたいところです。どうしても共同担保を求められる場合は、いっそ他の金融機関を当たるか、他の物件を探すべきでしょう。

共同担保の考え方

原則 購入物件を担保に借り入れ
共同担保には応じない

↓

例外 自己賃金がどうしてもないケース等
個別の判断

◆共同担保を提供しても借りたほうがいいケースはある

では、共同担保は絶対に断るかというと、ケースバイケースです。物事の例外という話です。

たとえば、自己資金はまったくないが借り入れもなく、自宅はある人の場合です。共同担保を入れることによってフルローン・オーバーローンの融資を受けられるのであれば検討すべきでしょう。手元資金がない人にとっては、ある意味共同担保を使わなければ収益物件の活用による資産運用ができないわけですから共同担保に応じるべきです。

その他は個別の判断になります。たとえば、自分がすでに持っている物件の隣に、この物件を買うことによって既存の物件と地続きになり価値が上がるからどうしても欲しいというケースでは共同担保でもなんでも入れて取得するという選択肢も出てきます。

　原則としては取得する物件を担保に入れることで資金調達をするのが収益物件の活用における基本ですが、共同担保という例外的な対応は個別のケースで判断するということです。

Q10

複数棟をスムーズに取得するために注意するべきところは？

2棟目、3棟目の物件を取得して、投資の規模を拡大していきたいと考えています。もちろん借り入れが必要だと思いますが、1棟目を取得するときの借り入れ条件などでは、何を注意すればよいのでしょうか。

A とにかくキャッシュフローの回る長期の借り入れをするべき

収益物件の活用は1棟取得して終わりというものではありません。1棟だけでなく複数を取得して、先述した4つの目的を達成していくものです。

そのためには、複数棟の物件を取得するための資金調達の考え方が必要になってきます。

2棟目、3棟目をスムーズに取得できる資金調達ができなければ、効果的な収益物件の活用は行えず、資産を形成し守っていくことができません。

収益物件の借り入れにおいて最も大切なのがキャッシュフローの考え方です。**キャッシュフローの回らない借り方をすると2棟目、3棟目の借り入れができなくなってしまいます。**

実際に私が取引した中で既存物件（1棟目の借り入れ）のキャッシュフローが回らないという理由で他の金融機関から2棟目の融資を受けられなかった例がいくつかあります。

では、どのようなときにこのようなことが起こるか解説していきます。

1棟目の物件を取得するにあたって借り入れを行う場合、金融機関は物件のキャッシュフローを見ますが、同時に本業の収入も見ます。そして物件のキャッシュフローでは返済がきついと分かっていても本業の収入をあてにした返済年数を設定してしまうことがあります。つまり、賃料収入以外にも給与があるから貸出期間を10年や15年に短く設定してしまうのです。そして、その金融機関はそれ以上（2棟目、3棟目といった形で）、追加で貸出をするつもりがないケースです。

しかし、このような状態で借りてしまった人が2棟目の物件を取得するため他の金融機関にあたるとどうなるでしょうか？

既存物件のキャッシュフローがマイナスの物件を抱えていると判断されます。既存物件のキャッシュフローがマイナスであれば、その既存物件の返済ができないために競売にかけられ、新規で融資をしてもその新規の案件に影響が及ぶことになります。

つまり、**キャッシュフローがマイナスの既存物件を抱えている人に対しては、それが他の金融機関の貸出だとしても、融資することができなくなってしまう**のです。

ですから、1棟目（だけではないですが）の借り入れにおいては、とにかく物件単体でキャッシュフローが回る条件を設定する必要があります。これには先述の通り具体的には借り入れの年数が最も大きな影響を及ぼします。

キャッシュフローの回る長期の借り入れをするべき

○ 1棟目 キャッシュフローが回る
↓
2棟目、3棟目の借り入れも可能

× 1棟目 キャッシュフローが回らない
↓
2棟目、3棟目の借り入れが不可能

元利金の借入金額は返済年数と金利で決まります。金利はそれほど大きな差はありませんが、年数は10～30年と大きく変わります。また、**金利は後から交渉次第で下げることもできますが、借入年数を後から延ばすことはできません。**複数棟取得（借り入れ）するためにはとにかく長く借入年数を設定することが最も大切です。

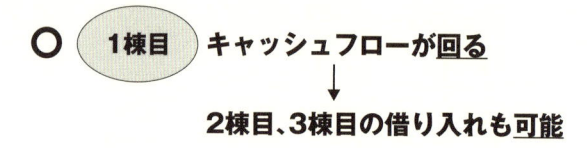

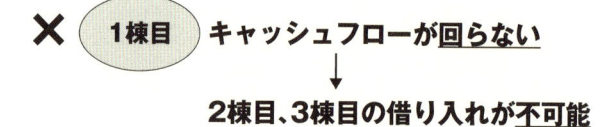

コラム

日本政策金融公庫の効果的な活用方法

政府100％出資の金融機関である日本政策金融公庫（以下公庫）をご存じでしょうか。収益物件活用に必要なアパート購入費用やリフォーム費用、また太陽光発電システム設置費用への融資を行っている金融機関です。もともと民間の金融機関を補完する目的で設立されているため、与信力に乏しい中小企業や個人事業主に比較的低金利で貸し出しを行っているのが特徴です。たとえば専業主婦をしている奥様でも融資を受けることができます。融資対象によって様々な融資制度が存在するため、まずは主な制度について紹介しましょう。

【女性、若者／シニア起業家資金】

女性、または30歳未満か55歳以上の男性が、事業開始時と開始後7年以内に利用できる制度です。基準金利より０・４％低い金利が適用され融資期間は最長20年となります。収益物件活用においてはアパート購入費用に活用することができます。

※アパート購入時に合わせてリフォームを実施する場合のみリフォーム費用にも適用可能です。

※土地取得費用は基準金利が適用されます。

【新事業活動促進資金】

現在行っている事業に新たな事業を加え経営多角化を図る人が、新事業開始時と開始後5年以内に利用できる制度です。こちらの制度も基準金利より0・4％低い金利が適用され、融資期間が最長20年となります。たとえば所有している物件の屋根に太陽光発電システムを載せ、太陽光による売電事業を開始する際などに活用することができます。

※アパート経営以外の事業を行っている人が、新たにアパート経営を開始する場合にも適用できます。その場合土地取得費用は基準金利が適用されます。

【創業支援貸付利率特例制度】

新たに事業を始める人と、事業を開始して1年以内の人が利用できる制度です。この制度の特徴は上記2つの制度と併用することが可能な点にあります。併用することで最大基準金利より0・6％低い金利で融資を受けることが可能です。また「女性、若者／シニア起業家資金」と「新事業活動促進資金」は併用することができません。

【普通貸付】

上記の制度を利用できない人でも公庫で融資を受けることが可能です。それが普通貸付という制度です。金利は基準金利が適用され融資期間は最長10年となりますが、アパート購入費用、リフォーム費用に利用することができます。

【環境・エネルギー対策資金】

太陽光発電システムのような非化石エネルギー設備や省エネルギー効果の高い設備を導入する人、または環境対策の促進を図る人が利用できる制度です。非化石エネルギー設備自体の融資期間は最長20年ですが、太陽光発電システムは最長15年になります。

それでは具体的にアパート購入費用やリフォーム費用、また太陽光発電システム設置費用で融資を受ける場合の金利等の概要について説明します。実際の融資では、融資を受ける人や担保物件によって条件が変動するため、ここで説明するのは一般的なケースです。

【アパート購入費用】

基準金利：1・55％（制度利用で最大0・95％）
融資期間：10年（制度利用で最長20年）
融資可能金額：4800万円（制度利用で最大7200万円）
担保：必要
保証人：不要（ただし融資条件に満たない場合に、保証人を付けて補うことができる）

制度を利用しない限り融資期間が最大10年にしかならないため、普通貸付でアパート購入を行うのはあまり現実的ではありません。しかし以下の特徴があるため利用できる人であればメリットがあります。

※制度上の融資可能金額は7200万円ですが、1棟あたりの上限額は4000万円程度となります。

①　フルローンが可能

公庫には個人に対する無担保枠が2000万円あります。そのためフルローンで融資を受けることが可能です。たとえば物件価格が4000万円、公庫の評価額が3000万円の場合、その無担保枠を利用してフルローンとすることが可能です。ただし15年を超える融資期間にする場合には、10％程度の自己資金が必要になります。

②　木造・市街化調整区域でも融資可能

一部のアパートローンで対象外になっている木造物件や市街地調整区域の物件でも融資を受けることが可能です。ただし評価額が下がってしまうため期間等の条件が悪くなることがあります。また容積率を超えた物件のように、遵法性を満たしていない物件には融資をしていません。

③　低金利

現在アパートローンで主流となっているスルガ銀行や静岡銀行のようなパッケージローンは4％前後と高金利ですが、それと比較すると低金利で収益物件活用を行うことが可能です。ただしパッケージローンに比べて融資期間が短いため、毎月の返済金額と元金の減少額のバランスを見て検討する必要があります。

【リフォーム費用】

基準金利：2・25％（担保設定時1・25～1・85％）
融資期間：10年
融資可能金額：4800万円
担保：不要（設定することで金利の引き下げが可能）
保証人：不要（ただし融資条件に満たない場合に、保証人を付けて補うことができる）

リフォーム費用単体の場合は、制度が利用できず普通貸付になってしまうため、金利・期間ともに好条件のクレジットカード会社によるリフォームローンを利用するほうが有効です。ただしアパート購入費用と同時に融資を受ける場合には、制度を利用して購入費用と同じ金利・期間で融資を受けることが可能です。

【太陽光発電システム設置費用】

基準金利：２・25％（担保設定時１・25〜１・85％）

融資期間：15年

融資可能金額：７２００万円

担保：不要（設定することで金利の引き下げが可能）

保証人：不要（ただし融資条件に満たない場合に、保証人を付けて補うことができる）

太陽光発電システム設置費用にもクレジットカード会社によるソーラーローンがありますが、金利については公庫のほうが有利です。ただし公庫での融資にはいくつか条件があるため比較検討する必要があります。

①　発電量10kW以上

ソーラーローンには発電量の制限はありませんが、公庫の場合発電量が10kW以上のシステムしか対象にしていません。

②　担保の必要性

無担保での融資も可能ですが、２期分以上の申告をしている必要があります。また無担保の場合クレジットカード会社のソーラーローンと金利が同程度になってしまいます。

③　野立て太陽光

太陽光発電システムには屋根に載せるのではなく野立てに設置する場合もありますが、その場合土地への担保設定が必要になります。そのため借地に野立て設置する場合は公庫で融資を受けることはできません。

以上、公庫の活用について紹介しましたが、表にまとめたのでそちらも参照してください。また公庫のアパート経営への融資に対する考え方は支店や担当者によってかなり差があるため、他の金融機関同様まずは取引のある不動産会社に相談してみることをおすすめします。

<制度比較>

	アパート 購入費用	リフォーム 費用	太陽光発電システム 発電設置費用
女性、若者／シニア起業家資金	○	△※1	×※2
新事業活動促進資金	○	△※1	○
創業支援貸付利率特例制度	○	△※1	○
普通貸付	○	○	×
環境・エネルギー対策資金	×	×	○

※1　アパート購入費用で制度利用する場合に合わせてリフォームを実施する場合のみ
※2　太陽光発電システムが主業務の会社に勤めている方のみ制度利用可能

<融資比較>

	アパート 購入費用	リフォーム 費用	太陽光発電システム 発電設置費用
金利※3	1.55%	担保無2.25% 担保有1.25～1.85%	担保無2.25% 担保有1.25～1.85%
融資期間	10年※4	10年※4	15年
融資可能金額	4800万円※5	4800万円※5	7200万円

※3　制度利用で最大0.6%低減
※4　制度利用で最長20年まで延長
※5　制度利用で最大7200万円まで増額

第3章

事故・トラブルを
スムーズに解決して
機会損失を防ぐ
管理運営編Q＆A

Q1

管理会社を見極めるポイントは？

賃貸経営を行うにあたって、どの管理会社に委託すべきか迷っています。中古で買ったアパートなので、今までの管理会社に任せたほうがよいでしょうか？　何かよい管理会社を見極めるポイントがあれば教えてください。

A 管理実績を確認する（管理戸数と入居率）

◆管理が重要な時代になってきた

20年以上前には日本に空室率という問題はありませんでした。なぜならアパートの貸室に対して入居者のほうが多かったからです。アパートはどこでも満室で、基本的には空室に困るオーナーさんはいなかったということです。

ところが平成10年頃から空室が出始めました。日本の人口が伸びなくなり、さらには減少に転じたためです。しかし物件の新規供給は止まりません。現在日本全体の賃貸物件の空室率は20％程度といわれています。つまり5室に1室は空室ということです。そしてこの空室率は年々高まっています。20年後には40％になるというデータもあるくらいです。

このような環境下では、**いかに入居者を確保するかがアパート経営（収益物件の活用）においては非常に重要**になってきました。

具体的には、どの管理会社に任せれば、入居者を獲得してくれるかという問題です。も

収益物件活用の一連の流れ

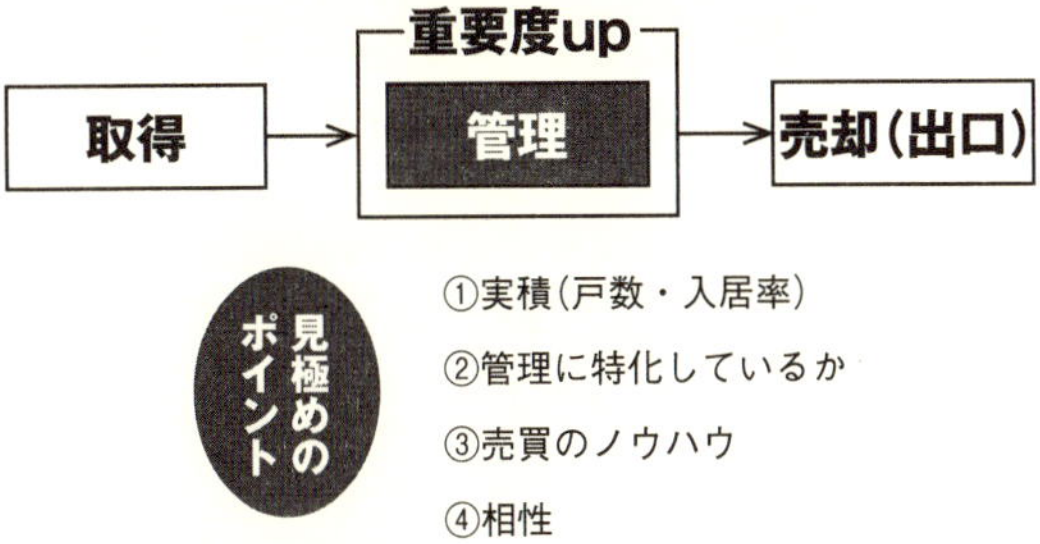

ちろん自主管理で経営しているオーナーさんもいますが、本書においては富裕層が物件を取得し活用することを前提にしていますので、入居者の獲得＝最適な管理会社の選定という軸で議論していきます。さらにいえば、今後はオーナーさんが自主管理することはもうできなくなります。その理由は本書をお読みいただければお分かりいただけるはずです。

◆問題があれば変える、なければ変えない

物件を取得するにあたって管理会社を選定することは物件選びと並んで重要なことです。その管理会社の選定にあたっては、もしその物件が問題なく運営されているようであれば変更するべきではないでしょう。せっかく良い状況で運営されているのに、管理会社を変更することで運営状

態が悪くなってしまう可能性があるからです。

自分で管理会社を選びたいという人もいますが、問題がなければ変えないというのは原則です。もし、物件を取得して運営状況が悪くなるようであれば、そのときに管理会社を変更しても遅くはありません。逆に空室が多く、明らかに問題があるようであれば変更するべきです。

では、管理会社を変更、選定するポイントを見ていきます。

① 管理実績

収益物件の管理会社を選ぶ際、管理実績を確認します。具体的には、その会社の管理戸数と入居率です。

もちろん会社が自ら公表している数字なので、多少の水増しはされている可能性はありますが、一定の指標にはなります。公表数字を割り引いて考えてみてください。公表している管理戸数が1万戸であれば8000～9000戸、公表の入居率が98％であれば、93～95％が実情かもしれません。

PM型と管理・仲介一体型

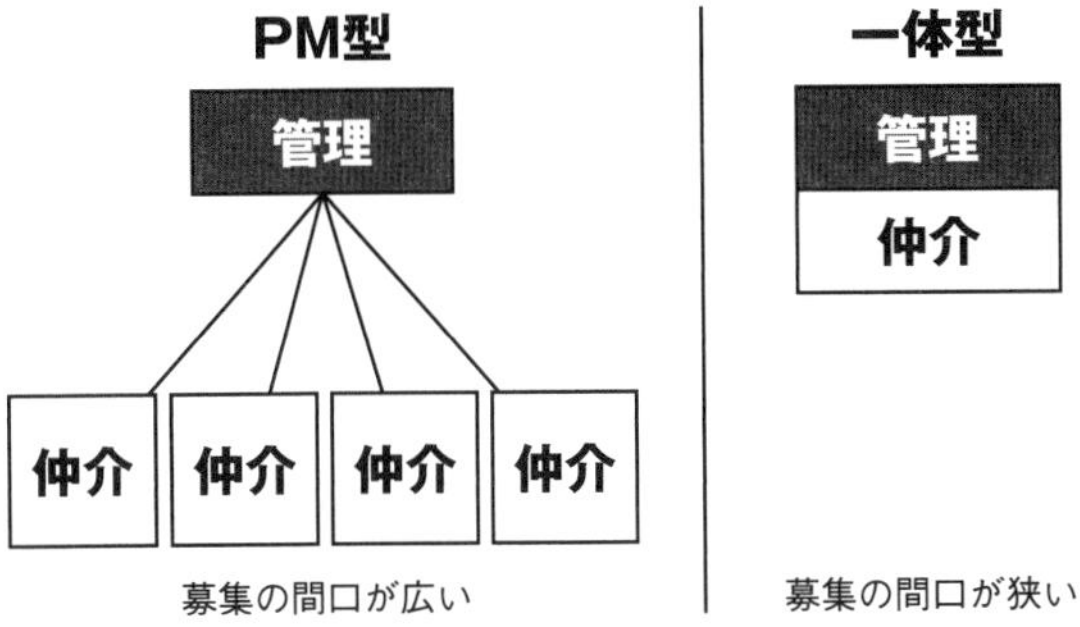

ここで重視すべきなのは細かな数字ではなく、最低限の実績があることです。

管理でいえば2000戸、できれば3000戸以上はあるとよいでしょう。管理会社は、スケールメリットで大きく業績を左右されるビジネスモデルなので、管理戸数は多ければ多いほうがよいことになります。

たとえば、エアコンにしても管理戸数の大きい会社は数の強みで安く仕入れられるので、結果的にオーナーさんもエアコン交換工事を安く済ませられます。また、家賃保証の保証範囲も、管理戸数の多い管理会社は大きな保証を保証会社から受けることができるのです。

入居率は高いほうがいいのは当たり前ですが、エリアによっても基準は異なります。90％以上は確保されていることが望ましいでしょう。

② 管理に特化しているか

パートナー候補は、自社で仲介店舗を持たずに管理に特化している会社にするべきです。なぜなら、自社仲介店舗を持つと募集窓口がその店舗に限定されるため間口が狭くなり、入居者を獲得できないからです。そのため幅広く募集できる体制の管理会社を選ぶ必要があります。このような管理形態を「プロパティマネジメント」といいます。

これは、入居者ではなくオーナーさんの利益を最大化する、という姿勢の証明でもあります。特に首都圏においては、そのような会社が増えてきています。この点については拙著『アパート経営の方程式』（幻冬舎メディアコンサルティング）に詳述しているのでご一読ください。

ただし、札幌や福岡などの地方都市においては、仲介店舗を持たざるを得ない事情もあるので、その点は考慮が必要です。その際には、会社内で仲介事業と管理事業が明確に分離している会社を選ぶようにしてください。

③ 収益物件の売買のノウハウ

また、管理会社は収益物件の売買にも精通している必要があります。

本書で説く収益物件の活用においては、取得する、管理する、売却する（出口戦略）というのが一連の流れになります。その目的は、利益の最大化です。

そのため、どのように管理をしていけば高く売れるか、もしくはどうすればコストをかけずに売りやすい物件にできるかという視点は不可欠です。オーナーさんと節税プランや出口戦略を共有し、出口を見据えた日々の管理や修繕を提案してくれるような管理会社が、理想のパートナーだといえるでしょう。

④ 相性

最後は、相性の問題です。収益物件の運営は短くても5年以上、長ければ孫子の代にまで及ぶ可能性があるので、信頼できて気持ちよく取引できる会社、および担当者を選ぶべきです。管理は任せてしまうので実際に顔を合わせる機会はそう多くありませんが、電話やメールでのやり取りを気持ちよくできること、そして意思の疎通が図りやすいことは重要です。

◆エリア内でのシェア（地方都市の場合）

地方都市でも人口50万人未満の都市においては、管理会社・仲介会社自体が少ないので、管理と仲介が分離していないのが一般的です。

このような地方都市においては、そのエリアで最も多くの仲介店舗を持っている会社を選ぶべきです。そのうえで、担当者と密な関係を築いていくことが重要になります。

というのも、その地域で圧倒的な力を持つ管理会社・仲介会社には、地元のオーナーさんはもちろん、東京都や神奈川県在住のオーナーさんからも物件の管理依頼が集中します。一方、地方都市では入居希望者の数は限られています。

つまり、管理物件間で競合してしまうので、同じ管理会社内で自身の物件を優先的に推薦してくれるといった良好な関係を、担当者と築いておくことが大切なのです。

ただし、前述の通り、人口50万人未満の小規模地方都市に収益物件を買うこと（まして都市の規模とバランスがとれない大きな物件）は、不動産の流動性の観点から基本的にはおすすめしません。

Q2

部屋で自殺・他殺が起こったらどうする？

収益物件の活用にあたって、最もダメージが大きいのが自殺や他殺ではないでしょうか。事故物件として、その後も悪評が付きまとい、家賃も下がり、入居者が退去してしまうと聞いたことがあります。もし自殺や他殺が起こってしまったら、どのように対処すればよいのでしょうか？

A 保険である程度リスクヘッジは可能。自殺の場合は、保証人や相続人に損害賠償請求もできる

◆収益物件活用におけるリスク「殺人事件」と「自殺」

収益物件活用は、人がそこで生活する以上、「死」という問題に直面するリスクは避けられません。しかし、建物内部で人が亡くなった場合、状況によっては収益物件の活用に大きなダメージを及ぼす可能性があります。

特に経営上のダメージが大きいのは、「殺人事件」と「自殺」です。

現在8000戸を管理している私の会社でも、自殺は2件ありました。殺人事件はまだ経験していないレアケースですが、可能性としては残念ながら決してゼロにはならないリスクといえます。

◆殺人事件の場合

殺人事件は、いつ、どこで起きるか想定することができません。昨今では残念なことに、閑静な住宅街などでも起きています。オーナーさんの努力で防ごうと思って完全に防げるものではありません。当然ながら、事件が起きてしまったアパートでは、入居者が一斉に退去してしまう可能性があります。

殺人事件に遭遇した、私の知人の例を紹介しましょう。実際に、彼のアパートの住人が殺されてしまいました。事件後、他の入居者が一斉に退去してしまい、約2年間にわたり、入居者ゼロの状態が続きました。その後、やっと入居者が付いたのですが、家賃は事件が起こる前の3割引きになってしまったそうです。

もちろん、入居者がいない間の賃料収入はゼロです。しかし、金融機関への借入金の返済や、固定資産税等の支払いは、否応なく発生します。

このようなリスクをヘッジするためには、やはり保険が有効です。

今は自殺・他殺・孤独死などにも対応する火災保険があります。保証内容は各保険によって異なりますが、原状回復費用を保証してくれる他、6～12カ月程度の空室保証がついている保険もあります。万一に備え、このような保険にはぜひ入っておくべきです。

しかし、全国報道されるレベルの殺人事件となると、保険の補償期間（6～12カ月程度）では、損失を補いきれないケースも多いでしょう。また、インターネットの普及した現在では、事件や事故の情報がいつまでも消えません。

このような場合は、次のような対応が考えられます。

① 外壁の塗り替え、エントランスの刷新など、物件のイメージが変わるようリフォームし、物件名も変える

② 家賃を下げて入居を募り、運営を続ける（家賃が安ければ事故物件でも気にしない人は一定数います）

③ 収益物件として売却

④ 更地にして売却

以上のような方法はありますが、正直それでも完全に殺人事件のダメージを克服することはできません。防犯カメラを設置する等できる限りの備えに注力する必要があります。

◆自殺の場合

殺人事件ほどの影響はありませんが、物件内における自殺の発生も防ぎようのないリスクの一つです。

自殺が発生した場合は、原状回復の必要などもあり、当分の間その部屋を貸すことはできません。また、次の入居者には自殺があったことの告知の義務があるので、当然その部屋は埋まりづらくなります。募集にあたっては家賃の値下げを余議なくされ、オーナーさんにとっては大損害です。

このような場合、自殺してしまった借り主との契約に連帯保証人がついていれば、連帯保証人に損害賠償を請求することが可能です。また、連帯保証人ではなくても、借り主の相続人にはその部屋の賃貸契約も相続されるため、相続人に損害賠償を請求することができます。

最近の裁判では、家賃5・5万円のワンルームアパートの賃借人が自殺したケースで、賃借人の母親と連帯保証人に対して、大家が676万円あまりの損害賠償を求めて提訴し、132万円の支払いを命じた事例があります。

※自殺した賃借人による損害についての連帯保証人の責任（東京地方裁判所平成19年8月10日判決）

支払い金額の内訳は、居室を自殺事故から1年間賃貸できなかった損害を全額（5・5万円×12カ月）と、その後賃貸するにあたって従前賃料の半額でしか賃貸できなかったため、1契約期間の2年間分、半額分の損害（5・5万円×1／2×24カ月）で、計132万円あまりの支払いとなっています。なお、大家が求めていた、事故の部屋に隣接する住居への影響に対する損害賠償については、「現実に賃料の減収が生じていても、自殺と相当因果関係のある損害とは認められない」としています。

このような判例は出ていますが、実際には悲しみに打ちひしがれるご遺族に多額の損害賠償請求はしにくいものです。また、裁判となると時間もお金もかかります。

しかし「せめて契約期間中は借り続けてほしい」という交渉であれば、すぐに遺品整理に入れない心境のご遺族も多いため、受け入れられやすいかもしれません。

最大で2年分の家賃が取れれば、裁判で認められた損害賠償額と同等の額になります。

自殺などの悲しい事故は起こらないことが一番ですが、起こってしまった場合は、冷静

収益物件活用のリスク

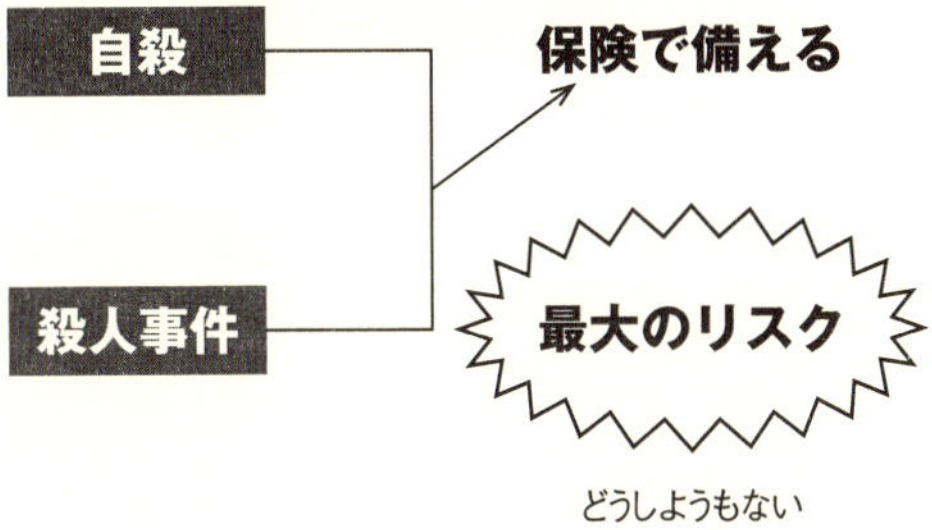

な判断のもとに被害を最小限に食い止めるよう、行動することが大切です。

そして、自殺の場合はできる限り周りの入居者に知らせない工夫が必要です。殺人事件の場合は警察やマスコミも来てしまい分かってしまいますが、自殺はそこまでになりません。せめて他の入居者に知らせず、退去を防ぐというのが現実的な対応方法です。

Q3

ハイリスクな入居者にはどう対応すべき？

近年増え続けている生活保護者、低所得者、外国人など、いわゆるハイリスクな入居者を入居させる場合は、どのような点に気を付ければよいでしょうか？　対応の仕方について教えてください。

A　保証会社の加入及び定性面のチェック

◆定量面（お金の面）と定性面に分けて考える

低所得者、生活保護受給者、外国人など、一般的に属性が良くないといわれる方々の入居を検討するにあたっては、そのリスクについて定量面（お金の面）と定性面に分けて考える必要があります。

〈お金の面は保証会社への加入を絶対条件とする〉

お金の面とは、きちんと家賃を回収できるかどうかという問題です。属性が悪ければ悪いほど家賃の滞納リスクは高まります。一般的には低額賃料の物件ほど滞納率は上がるというデータがあります。

オーナーさんにとって、家賃滞納は死活問題ですから、必ず回収しなければなりません。そこで大切なのは必ず保証会社に加入させることです。

現代社会においては、連帯保証人は昔ほど意味がありません。家族関係が希薄化し、モラルが低下しているためです。一方で保証会社のサービスは拡充してきており、低所得者はもちろん、生活保護受給者にも外国人にも対応している保証会社があります。属性に応じて保証会社を選択する必要があります。

当社では、すべての入居者に保証会社への加入を義務付けていますが、特に属性が悪い方は必須となります。**保証会社が家賃の保証をしてくれればお金の面、つまり滞納に対するリスクヘッジはクリアできる**と考えてよいでしょう。

何とか空室を埋めたいばかりに、保証会社の審査に通らない入居者を入れてはいけません。事故に遭うのは目に見えています。

〈定性面のチェックはより重要〉

定性面というのは、入居後に問題を起こさないかどうかということです。家賃は払うけれども、騒いだり、ごみを散らかしたりということが起こっては大きな問題になります。むしろ、こちらのほうが家賃を払わない入居者よりリスクが高い（たちが悪い）といえます。なぜなら他の入居者が、一人の悪質入居者のせいで皆退去してしまうからです。そしてその入居者がいる限り、新規での募集もできません。

当社の管理物件で夜中に騒音を出して大騒ぎし、隣近所の住民に罵声を浴びせる入居者がいました。時間をかけて何とか退去してもらいましたが、それまでの期間両隣の入居者は退去し、新規の募集はできませんでした。それだけではなく、退去してもらうのに相応の費用負担（引っ越し費用）をせざるを得ませんでした。うるさいといっても明確な基準があるわけではないため、法的に追い出すということが定性面の問題では難しいのが現状です。こうなってしまっては収益物件の活用で利益を出すどころではありません。

そして、厄介なのはこの定性面の問題が年々増加しているということ、さらにはなかなか追い出す根拠がないということです。根拠としては迷惑をかけているということですが、程度問題になるのと家賃の滞納のようにはっきりしない点から、退去させるためには多くの時間とお金がかかります。では、どのようにすればこの定性面の問題をクリアできるのか、属性別に見ていきましょう。

1　生活保護受給者

以前は例外的な存在であった生活保護受給者が、無視できない規模の数になりました。

生活保護受給者数の推移

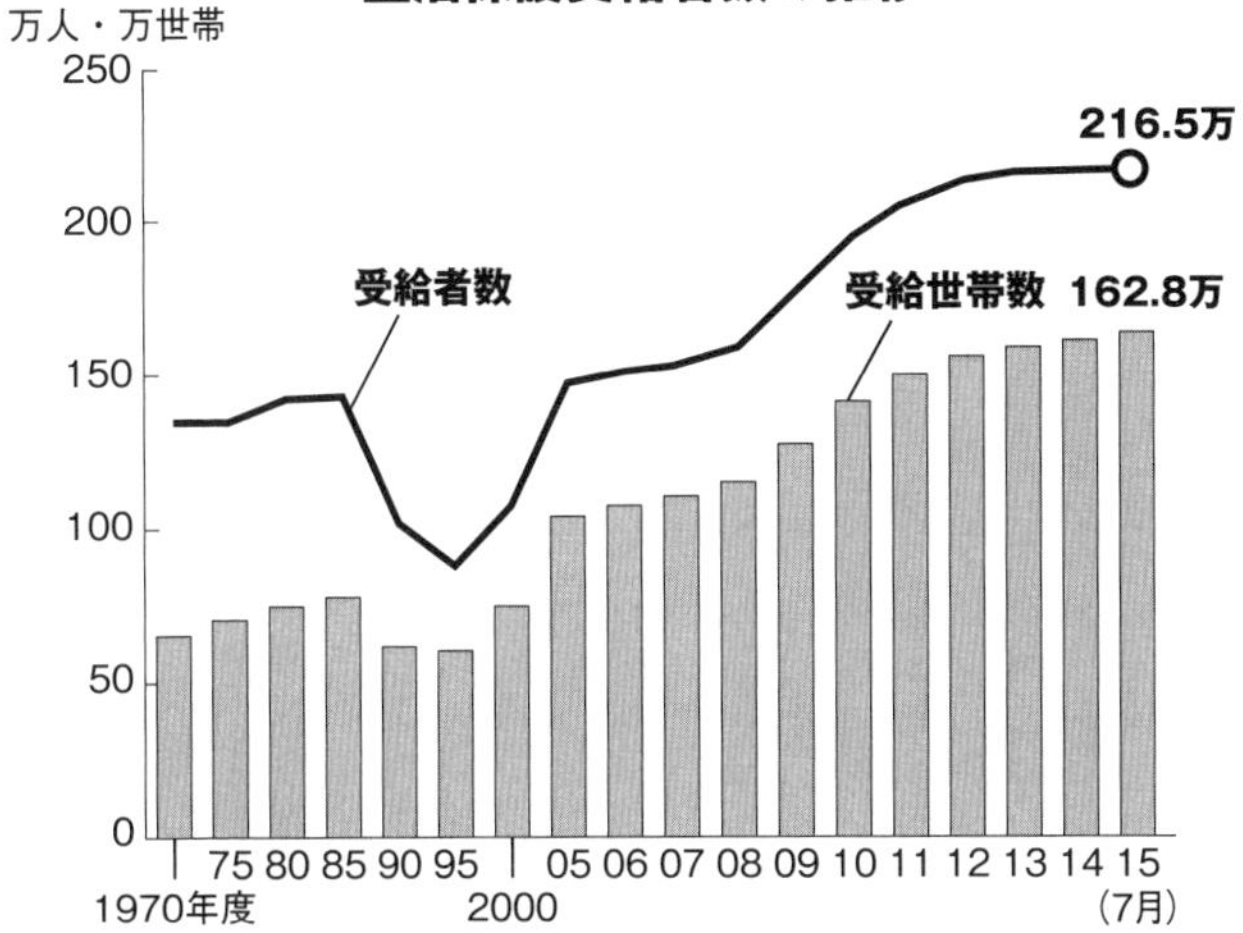

（注）2014年度を除く各年度は月平均値。12年度までは確定値、13年度以降は概数、15年度は7月時点

私の会社の管理物件においても、すでに生活保護受給者の数は単身世帯を中心に全体の10％近くを占めています。もはや、生活保護受給者を取り込まなければ入居率を上げられないところまできているのです。

一方で、先述したように生活保護受給者には一般の入居者とは異なる定性面でのリスクを理解したうえで対応していく必要があります。

生活保護受給者で多いのは精神疾患です。

受給理由が精神的な病という人を入れると入居後にトラブルを起こす可能性が否定できないため、受給理由を確認することもあります。生活保護受給者には、受給決定通知書が行政から交付されます。その受給理由のところをチェックして、理由が精神的な病であれば入居には慎重にならざるを得ないケースもあるでしょう。

また、生活保護受給者は行政から家賃が振り込まれるケースもあり、保証会社に入らなくても大丈夫と考えがちですが、いつ受給が打ち切られるか分からないので、保証会社の加入は必須にするべきです。

一方で生活保護受給者には受け入れるメリットもあります。おおよそ以下の点です。

① 敷金・礼金等を行政が負担するため、初期費用や2年に一度の更新料がしっかり取れる

② 生活保護受給者は家賃の上限が決まっているため、その額までなら、他の部屋よりも高い家賃であっても決まる

③ 行政が間に入ってくれる（自治体によって対応はまちまちですが）ため、問題が発生した場合は行政の力を借りられる

③については、既存の入居者で問題がある場合には行政と連携して対応するとスムーズ

にいくケースもあります。また、**既存の入居者で滞納がある場合は、行政に掛け合い、自治体から管理会社に直接家賃を振り込んでもらえるケースもある**ので行政とうまくコミュニケーションを取る必要があります。いずれにしても生活保護受給者の受け入れは慎重にするべきです。

2　外国人の場合

昨今は外国人旅行客だけではなく、外国人の入居者も増えています。従来はリスクが高いと敬遠されがちだった外国人入居者ですが、外国人専用の保証会社の利用や、外国人に強い仲介会社との連携、外国語での利用規約の整備などにより、リスクを防止しながら外国人入居者を受け入れることは可能になっています。

ただし、日本と海外とでは賃貸に関する慣習が異なる部分も多く、この常識の違いがトラブルにつながりやすいので、入居の前に十分に理解しておくことが重要です。

外国人を入れるポイントは一点、日本語を話せるかどうかです。

日本語を話せれば、ある程度の問題が起きてもコミュニケーションを取れますが、まったく話せない場合は大きな問題になります。もともと生活習慣が違うため問題になりやすいので、必ずコミュニケーションを取れる体制を作っておくべきです。

最近は、日本語を話せない外国人に対してのサービスを提供する保証会社もありますが、原則は日本語で管理会社が直接意思疎通できるというのが原則でしょう。

ちなみに外国人に多いトラブルに以下のようなものがあります。

■代表的トラブル事例

- 騒音（パーティや大声での会話）
- ゴミ捨て（ゴミ捨て日や分別を守らない、窓からのゴミの投げ捨て）
- 転貸借（契約者以外の入居者が入居している、他の人が同居している）
- ペット不可の物件での飼育
- 部屋の改造、模様替え

このようなトラブルも、契約時にしっかりと重要事項を理解してもらうことや、共用部の使用等に問題がないか巡回してチェックするなどの対策次第で防ぐことができます。

国や業界団体が提供している外国人向けの賃貸住宅のガイドラインやホームページもあ

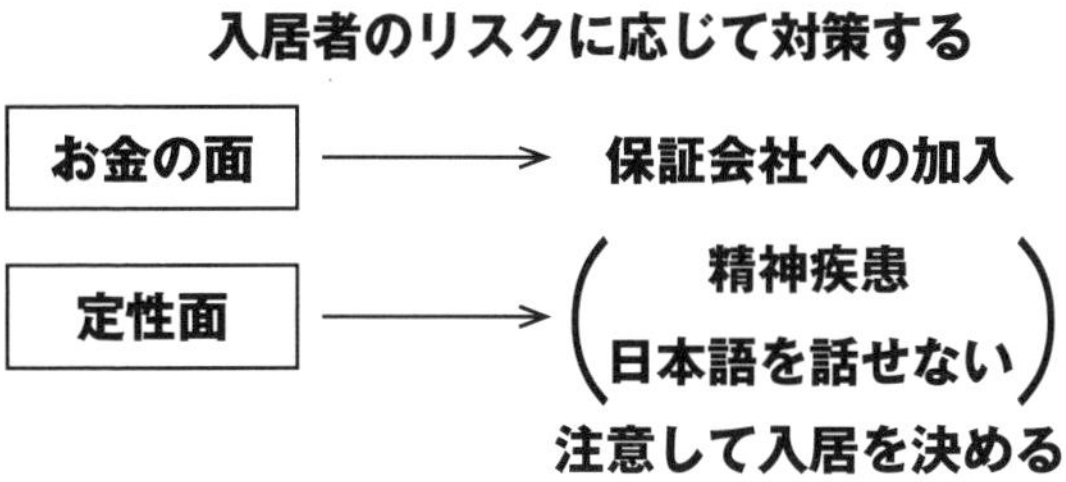

りますので、それを読んでもらうとよいでしょう。

住宅：外国人の民間賃貸住宅への円滑な入居について——国土交通省
http://www.mlit.go.jp/jutakukentiku/house/jutakukentiku_house_tk3_000017.html

外国人の民間賃貸住宅入居円滑化ガイドライン（賃貸人、仲介業者・管理会社の方へ）
https://miraie.me/articles/299

Q4

独居老人の受け入れはどうすればよい？

少子高齢化に伴って、高齢者が一人で住居を借りるケースが今後も増えていくと聞きます。しかし独居老人を住まわせる場合、どうしても病気やケガ、あるいは死亡といったリスクがよぎってしまいます。何か注意点があれば教えてください。

A 高齢者の孤独死リスクは、保険とセンサーを活用してヘッジする

◆孤独死に対応する方法

高齢者人口が全体の25％を占め、今後さらに上昇していく我が国においては、高齢者対策（入居促進）が欠かせません。独居老人を受け入れないで済めばよいのですが、入居率を考えると物件によっては受け入れざるを得ない物件もあります。

独居老人を受け入れるにあたって考えておくべき最大のリスクは、やはり孤独死です。昨今は高齢化や家族関係の希薄化に伴い、孤独死のニュースを頻繁に目にするようになりました。

人は誰しも、いつかは亡くなります。ましてや高齢者であれば年齢と比例して亡くなる可能性も高くなりますが、**問題は遺体発見までの時間**です。私の会社では年に10件前後の孤独死を経験していますが、その発見までの時間によってダメージは変わってきます。極端な話、死後1カ月以上経過していると大幅な工事が必要になりますが、1、2日であれ

ばそれほど問題になりません。ちなみに死後2カ月の腐乱死体が発見された部屋は、20㎡弱のワンルームでしたが、スケルトン工事に350万円ほどかかりました。そして次の入居者を入れるまでに半年ほどを要し、決まった家賃は従前の2割引という水準でした。

収益物件活用においては、自分のアパートで孤独死が起こり、かつ発見が遅れてしまえば、資産の大幅な毀損となるので絶対に防がなければなりません。

発見に関しては運次第なところは正直ありますが、当社では巡回に力を入れ、できる限り頻繁に物件を見回るようにしています。これでも完全に孤独死を発見することはできませんが、やらないよりは効果的です。

孤独死に対するリスク管理としては、まず入居者保険があります。私の会社では提携する少額短期保険会社の孤独死に対応した入居者保険を利用しています。これは、万が一入居者が孤独死した場合、オーナーさんが孤独死によって被った損害の補償を受けられる仕組みです。

孤独死が発見された場合、家賃保証分として最大200万円、原状回復費用相当分として100万円が補償される、かなり手厚い保険です。これによって万が一孤独死が起こってしまっても、原状回復費用および家賃相当額が補償されることになります。

独居老人の受け入れ対策

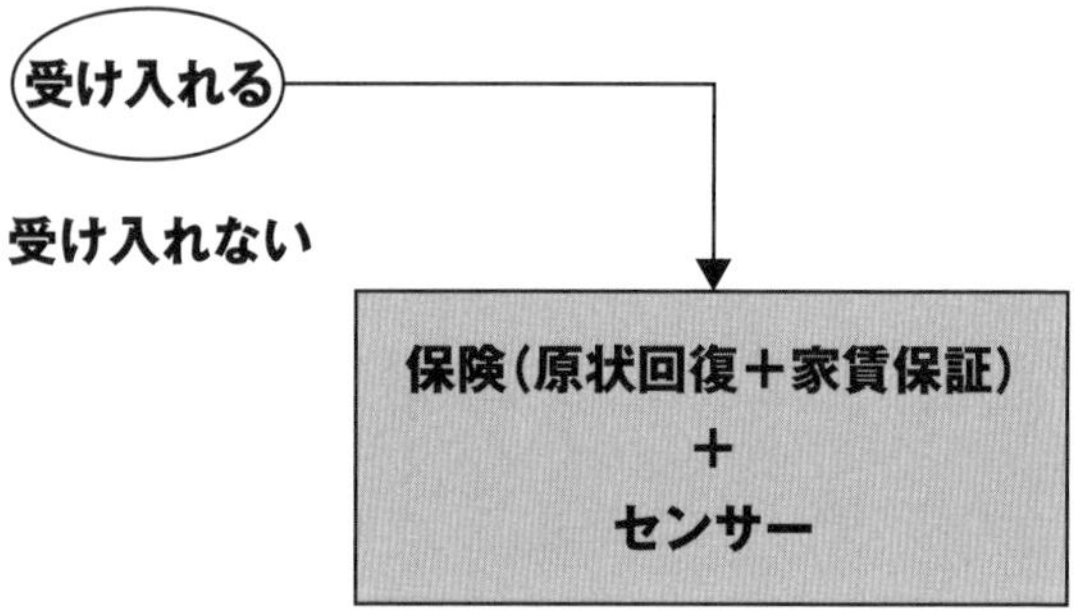

ただし、費用負担はオーナーさんで、1戸当たり3000円程度（1棟単位で加入）かかります。高齢者を入居させる場合には必ず加入することをおすすめします。

ただ、そうはいっても孤独死は未然に防ぎたいもの。そこで次善の策として、高齢者の単身世帯にセンサーを付けるという方法もあります。費用は1台あたり大体4～5万円程度です。このセンサーは一定時間、人が動かなければ自動的に知らせる機能を備えているので、入居者の異変にいち早く気づくために有用です。行政によってはこのセンサーを付ける費用に補助を出しているところもあるので導入する際は確認したほうがよいでしょう。

Q5

ペット可物件のメリット・デメリットは？

ペットを飼える物件は人気があると聞きますが、ペット可物件のメリット・デメリットを教えてください。

また、すでにペット不可で運営している物件があるのですが、途中からペット可に切り替えるのは難しいでしょうか？

A　メリット……賃料や入居率のアップが期待できる
デメリット…原状回復費用の増加、鳴き声や臭いのトラブル

◆ペット可物件の市場

近年のペットブームを背景に、新築物件を中心にペット可の賃貸物件の数は増加傾向にあります。最初から「ペットとの共生」をコンセプトに設計された物件も増え、専用の足洗い場や、ペット用の通用口を備え付けるなど、ペットを飼いやすい工夫がこらされています。

しかし、割合で見るとペット可の物件はまだまだ少なく、首都圏で賃貸物件全体の約11％となっています。ペットを飼いたい人は多くいる半面、物件供給が追いついていない状況です。以前はペットを飼うのはファミリー層が多かったのですが、最近では単身者がペットを飼うケースも増えています。そのため、**単身者用のペット可物件の需要はさらに増えていくものと予想されます。**

◆ペット可物件のメリット・デメリット

◎メリット

ペット可物件のメリットは、潜在的にペットを飼いたいと思っている層にアピールでき、競争力が上がることです。具体的には、次のようなメリットが期待できます。

① 入居率アップ
② 賃料アップ
③ 敷金アップ（ペットを飼う場合はプラス1カ月としている物件が多い）
④ 入居期間が長くなる（ペットがいると次の引っ越し先を探しにくく、入居期間が延びる傾向にある）

◎デメリット

一方、デメリットやリスクも多く、そのためペット可にすることを躊躇しているオーナーさんも少なくありません。

① 原状回復費用が高額になりやすい

壁や柱に引っかき傷が残る、床に尿などがしみ込んだ場合に臭いが取れない、配水管やベランダの排水溝にペットの毛がつまるなど、原状回復に想定外の費用がかかる可能性がある

② ペットの鳴き声・臭いによる近隣クレーム

特に犬の無駄吠えはクレームの原因になる。また、エレベータや共有部分の廊下などでペットがそそうをした場合、排泄物の臭いが染みついてしまう

③ 途中でペット可にした場合の、従前入居者とのトラブル

新築でもともとペット可だった場合は全員がペット可であることを承知で入居しているが、途中からペット可に変えるのはトラブルが容易に起こることが予測できるため原則おすすめできない。どうしてもペット可物件に変更する場合には、従前の入居者に丁寧に何度も説明し、理解を求める必要がある。「ペット可にされるのは嫌だ」という入居者がいた場合、話し合いのうえ、退去費用などを負担する、もしくは賃料を減額する等の必要もある

◆ペット可物件運営のコツ

では、トラブルなく「ペット可」物件を運営するにはどうしたらよいのでしょうか？

◎ペットの種類、個体数、大きさを制限する

ペット可で入居者を募集する場合は、あらかじめその物件で飼ってよいペットの大きさや個体数、種類を決めておくとよいでしょう。小型犬だと聞いていたのに大型犬だったという事例や、途中でペットの数が増えていたという事例もあります。当社では、審査の際にはペットの写真も提出してもらっています。写真を出してもらうだけでも入居可否の判断材料に有効です。こんなに大きな犬だったというのが後から分かっては遅いし、周りの入居者の退去につながってしまいます。そして、そのペットに限って入居許可を出すようにするなど、制限を付けることでトラブル防止に役立ちます。

◎敷金を預かり、原状回復の条件を厳密かつ明確に

ペット可の場合、通常の賃貸よりも原状回復のコストがかかります。借り主の費用で原状回復を行う箇所や、原状回復の条件を入居時に契約書に明記して入居者に対して明確にしておきましょう。

ペット可物件のメリット・デメリット

メリット	入居率・賃料up
デメリット	原状回復費用 鳴き声・トラブル

途中でペット可にする場合はトラブルになりやすく
注意必要

◎ペットを飼いやすい環境作りをする

ペットを想定していない通常の賃貸物件を、名目だけ「ペット可」にしただけでは、本当の意味でのペット対応とはいえません。ペットを飼う入居者に配慮し、たとえば床材はフローリングよりも傷に強いフロアタイルにする、壁は消臭タイプの壁紙にする、柱には防護カバーを設置するなど、あらかじめ傷・汚れ・臭いが付きにくい工夫をすることも必要です。

Q6

収益物件活用の安定化に有効な保険は？

収益物件を運営していくにあたり、地震や火事をはじめ、設備の故障や修繕など、突発的な支出を必要とするトラブルが起こった場合にキャッシュアウトに耐えられるか心配です。何かアパート事業を安定化させることのできる保険はないでしょうか？

A 火災保険、地震保険の他、施設賠償責任保険にも入るべき

◆避けようのないリスクに備える

保険は、万が一の際の備え（リスクマネジメント）です。アパートオーナーさんとして入るべき保険について見ていきましょう。

まず、火災保険に加入するのは当然です。火災というリスクはどんな物件にもあります。過去に、私の会社の管理物件で出火し、消防車7台が出動する大きな火事になりましたが、火災保険に入っていたために約2100万円の補修費を捻出できた事例がありました。

次に、地震保険も必須といえます。これは、地震による建物倒壊の際に、火災保険の保険金額の半額までが補償されるものです。地震の起こりやすいエリアと、起こりそうにないエリアがあるものの、基本的には加入したほうが安心です。また地震による津波被害に対しても補償されます。実際、平成23年には東日本大震災が発生していますし、現在の我が国は非常に地震が起きやすい状況にあるので、リスクマネジメントとしては外せません。

そしてもう一つ入っておくべきなのが、施設賠償責任保険です。たとえば強風時にアパートの看板が落ちて、下を歩いている入居者が怪我をしてしまったり、浴槽の底が抜けて怪我をしてしまったりという事故があります。特に当社の事例で大きいのが上階から水漏れが起こり、1階のテナント（飲食店）が営業できなくなり、その営業補償を求められるケースです。このようなケースでは保証金額が高額になります。

このように、物件（建物）が原因で人や物に損害を与えてしまった場合に適用されるのが施設賠償責任保険です。補償額の上限は、一般的に1億円までとなっています。掛け金も安いため、オーナーさんとしては絶対に加入をおすすめしたい保険です。

◆賃貸不能なときの家賃保証も可能。火災保険の特約をフル活用する

火災保険は、火災や地震による損害だけを補償するものではありません。風水害による被害や、盗難、水濡れ、突発的な事故による破損・汚損などにも幅広く対応しています。

特約で「電気的機械的設備」の補償を付けている場合は、収益物件に付属している電気的機械的設備が補償されます。エアコン、給湯器などの設備の他、修理代金が高額になり

がちなエレベータや水道のポンプなども事故内容によっては補償されます。

突発的な設備類の故障は、収益物件活用の収益を悪化させる大きなリスクです。しかし保険でカバーすることによって、経営を安定させることができます。

また、「収益物件のオーナーさん向け」として商品化されている保険もあります。火事などで物件が貸せない状態になった場合に備えて、オプションで家賃補償を付けることも可能です。

補償内容や商品は保険会社によって異なるので、よく比較検討して加入してください。

◆代理店（管理会社）の力が大切

どこの保険会社の保険に、どの代理店（管理会社）を通して加入しているかも重要です。いくら保険に入っていても、いざ地震や火災が起こったときに保険金が支払われなければ意味がありません。**きちんと払われるというのは非常に大切**なことです。当たり前ではありません。

そのためには支払われやすい保険会社の保険を選ぶことが重要であり、発言力の強い代

オーナーが入るべき保険

- **火災保険**
- **地震保険**
- **施設賠償責任保険**

施設賠償責任保険にも必ず加入する

理店（管理会社）を通して入る必要があります。ですから、オーナーさんが個人的に入るよりも、スケールメリットを生かせる代理店（管理会社）を通して加入することが得策です。

管理戸数の多い管理会社は往々にして強い発言力を持ちます。ちなみに当社ではすべての管理物件ではある1社の保険に加入しており、代理店になっているのですが、戸数が多いため頻繁に保険会社の営業担当の方がいらっしゃってアドバイスをしてくれます。どのように手続きをすれば保険がおりやすいかというアドバイスです。**いざというときに保険がきちんとおりるということが、最終的にはオーナーさんのメリットにつながります。**この点からも管理会社選びが重要であり、スケールメリットのあるなしが大切になるということです。

Q7

保証人と家賃保証会社、本当に信用できるのは？

私の物件に入居の申し込みをしてきた人は、保証人がいないため家賃保証会社を使いたいそうです。今までは保証人のいる身元のしっかりした人を入れていたのですが、家賃保証会社利用でも問題はないのでしょうか？　保証人と賃貸保証会社、どちらが信用できるのでしょうか？

A　保証会社のほうが信用できる

◆家賃滞納は保証会社への加入で防止する

日本では従来、賃貸住宅への入居に際し、連帯保証人を求めることが慣習化していました。しかし、少子高齢化の流れもあり、親が年金暮らしの高齢者で連帯保証人としての役割を担えない人や、保証人を頼める親や兄弟がいない人も増えています。また都市部を中心に家族関係も希薄化しており、連帯保証人自体が昔のように意味をなさなくなってもいます。

そのため、契約の際には保証人ではなく、家賃保証会社を利用するケースも増えてきました。私の会社でも、契約は提携する保証会社への加入を絶対条件としています。

なぜなら、**滞納家賃回収の確実性においては、明らかに保証人よりも保証会社のほうが上だといえる**からです。

連帯保証人の場合は、実際に滞納家賃を請求しても回収までには時間がかかるケースが多く、支払いを拒否されれば裁判などで膨大な費用がかかります。

一方、保証会社は、滞納があった場合は期日通り確実に弁済してくれます。また、事件・事故があった場合にも対応してもらえるため、基本的には滞納リスクから解放され、安定した収益物件活用が可能です。

もちろん、以前存在したリプラスという会社のように、保証会社自体が倒産するというリスクもあります。しかし、倒産リスクよりも滞納が発生するリスクのほうが圧倒的に高いのが現状です。家賃を回収できなければ収益物件活用は破綻してしまうわけですから、保証会社の利用はオーナーさん自身の自衛手段ともいえるでしょう。

◆保証会社の仕組み

保証会社に加入するための保証料は、家賃の30〜60％程度が一般的です。店舗や事務所の場合は１００％というケースもあります。

この保証料は入居者の負担になります。更新時にもまた一定額を入居者に支払ってもらうことで、滞納が発生した場合の家賃等を保証会社が入居者に代わって負担する、というのが主な仕組みです。

中古物件をオーナーチェンジで購入すると、保証会社に加入していない状況がほとんどですが、既存の入居者を保証会社に加入させることは一応可能です。この場合は、入居者ではなくオーナーさんが費用を負担するのが一般的ですが、それでも保証会社に加入するほうが望ましいでしょう（ただし、既存入居者を保証会社に加入させるのは、入居者の同意を得なければなりませんのでハードルが高いのが実情です。私の会社の事例では、30〜50％程度の加入成功率となっています）。

◆保証会社と管理会社の力関係

次に保証会社が保証してくれる範囲です。

サービス内容を全部含めると、家賃だけでなく、更新料・退去負担金、強制執行の裁判費用、さらには電気・水道の料金までもカバーできるようになっています。

ただし、これは保証会社と管理会社との力関係で決まってきます。保証会社からすれば管理会社は自社の商品（保証）を販売してくれる代理店という位置付けです。大口の代理店（管理会社）ほど優遇し、保証の内容を充実させてくれます。

実際当社ではある保証会社と提携していて当社向けの保証商品を創ってもらっています。同時に審査の通過率も大切です。あまり保守的に審査をされてしまうとせっかく見つけた入居者を入居させることができなくなってしまいます。

一方、保証会社からすれば少しでも危ない入居者ははじきたいのが実情です。管理会社と保証会社の力関係が問題になります。当社では商品を充実してもらうとともに保証会社の審査通過率も保証会社との間で合意しています。

ここで大切なのは先述した管理会社の規模です。つまり**スケールメリットが働くかどうかが大切**になってきます。保証と一口にいっても管理会社の力で変わってきてしまうので管理会社選びは大切です。

家賃の滞納が一度起きてしまうと、回収するのは困難です。いかに滞納させない仕組みを作るかということが、これからの収益物件活用においては重要になります。

オーナーさんが実際に得られる収入は、「契約賃料等×回収率」です。回収できなければいくら満室になっても収入は得られません。その点でも入居率と並んで、もしくはそれ以上に回収率が重要になってきますし、今後は重要度がさらに上がっていくことは間違い

保証会社のほうが安心

保証人	保証会社
×	○

保証内容

・家賃
・共益費
・更新料
・退去負担金
・訴訟費用　等

ありません。

そのためにも保証会社は大切な存在ですし、その保証会社との窓口になる管理会社は重要になってくるのです。

Q8

入居クレームには、どう対処する？

先日入居したばかりの入居者の部屋から水漏れがあり、管理会社の対応が遅れたこともあってクレームがひどくなりその入居者が早期に退去してしまいました。今後このようなことを起こさないようにしたいのですが、何を注意すればよいでしょうか？

A まずはクレームを起こさない体制づくり。万が一起きた場合はとにかく素早く解決する

◆入居年数を長くすることが今後のアパート経営においては必須

収益物件活用においては、空室を埋めるという対応策と同様に、そもそも**どうやって空室の発生を抑えるか（退去を少なくするか）という予防策がとても大切**です。

新規の入居者の募集方法を考えるとともにどうやって空室を発生させないかという点です。現在は昔のように敷金・礼金が取れるわけではありません。原状回復費用も多くの部分でオーナーさん負担です。まして賃料は徐々に下がっていきます。さらに、新規の入居者を募集するには成果報酬で広告料として家賃の1～2カ月分がオーナーさんの出費として必要になってきます。

つまり入居者がころころ入れ替わる状況はオーナーさんにとって不利益でしかなく、長く住んでもらうことが利益に直結していくということです。

そして、退去の理由を分析すると大きく二つに分かれることが分かります。一つはやむ

を得ない退去です。これは結婚や就職、転職、入学等ライフスタイルの変化に伴う転居です。これは防ぎようがありません。

一方で、仕方がないとはいえない退去があります。それは物件および管理に対する不満による退去です。私の会社では８０００戸の管理をしていますが、正直過去にはこのような退去が多くありました。

ある方法でそれを現在は基本的にゼロまで持っていくことに成功しましたが、ご理解をいただきたいのは、**入居者の居住年数を長くしなければオーナーさんの利益最大化にはつながらない**ということです。そのためには、不満による退去を極限まで減らす必要があります。

◆まずはクレームの起きない部屋づくり

では、まずクレームが起きない体制づくりから解説します。

クレームは基本的には商品の不具合によって発生します。水漏れがある、部屋の原状回復が中途半端になっていてクロスが汚れている、共用部が汚い等々。オーナーさんにとって商品は物件（部屋および共用部）です。この商品が不十分な状態で入居者に貸してしまっている（売ってしまっている）ためにクレームは発生します。要するに完全な状態で貸す必要があるわけですが、それは何も豪華なキッチンや内装にするということでなく、賃料に見合った部屋にすればよいのです。

このために、当社では、原状回復を一律のやり方で行うとともに、一律のビルメンテナンス、清掃を導入しています。以前はオーナーさんのやりたいように原状回復を行っていました。極端な話、多少汚れていても清掃のみで済ませてしまうオーナーさんもいれば、フルリフォームするオーナーさんもいてまちまちの状態でした。このような状態で入居者を入れると、特にお金をかけないオーナーさんの物件からは必ずと言っていいほど入居後にクレームが発生していました。それを当社一律の原状回復工事を行うことで質が一定になり、一気にクレームがなくなったのです。

◆入居者クレームは客付けにも多大な影響

入居者からのクレームは単純に入居者の問題ではなく、今後の物件運営に多大な悪影響を及ぼします。その最たる例が仲介会社への悪影響です。

入居してクレームがあれば、まずは物件を紹介した仲介会社に入居者は連絡を入れます。仲介の営業マンはそのクレーム対応に追われます。

営業マンとしては売上が上がった後の後ろ向きな（売上にならない）業務に時間をとられることになります。このようなことが起こると、営業マンとしては、今後二度とその物件には入居者を紹介したくなくなります。もっと言えば、その管理会社が管理している物件に入居者を紹介したくなくなります。実際に当社でも過去にある仲介会社から、入居者のクレームが原因でもう取引をしないと言われてしまったことがあります。

これは一人のオーナーさんの問題ではなく、当社の他のオーナーさんにも重大な悪影響が及んでいることを意味します。今の時代、**仲介の営業マンが紹介してくれない物件は運営が成り立ちません**。

このような経緯もあり、オーナーさん任せの原状回復は最終的にはオーナーさんの利益のためにならない、さらには入居者さんのためにもならないという判断で一律の原状回復工事およびビルメンテナンスの仕組みを導入しました。

入居者からのクレームが限りなくゼロになったという話をしましたが、実は一番よかったのは仲介会社の営業マンが安心して入居者を紹介してくれる体制ができたことです。これによって入居率も向上しています。

◆クレームが起きた場合はその場で解決するのが鉄則

クレームが起きない体制づくりが重要であると述べましたが、それでも残念ながらゼロにはならないのが現実です。そのため、万が一クレームが起きたときの体制も重要になります。

クレームが起きたときに対応が遅くなることで二次クレームになり、それが退去の原因になってしまうことが過去に多々ありました。これは他の業界も同じではないでしょうか。対応の遅さにお客様が怒ってしまい、より大きなクレームに発展するというパターンです。

たとえば、水漏れが発生します。そのときに管理会社の人間は現場に行きます。ここでただ状況を確認して帰るのか、その場で直せるのかがとても重要です。当社でも以前はただ帰ってきて見積もりをオーナーさんに提示し、許可を得て修理をしていました。その日数は平均して20日ほど。これでは入居者が怒ってしまうのも無理はありません。

ただ、それには事情もあって、収益物件自体はオーナーさん所有であるため、管理会社には直す権利がないのです。あくまでも費用を拠出するのはオーナーさんであり、オーナーさんの許可を取る必要があるというわけです。

これを定額制の掛け捨て保険のような仕組みを導入して、オーナーさんには毎月一定の額を戸当たりいくらという形で負担いただく仕組みをつくりました。これによって、個別の工事でオーナーさんに費用負担をしてもらう必要がなくなったため、オーナーさんの許可なく工事ができる体制ができました。それによってその場で見積もりを取らずに工事業者が直せるようになったのです。平均20日かかっていた工事が平均4日まで短縮しました。原則当日に直すのですが、中には部材を取り寄せる必要のある修繕もあるので平均すると4日程度になります。

当然入居者の満足度が上がり、不満が減って退去数も減りました。その結果として、入居年数が伸びてきたということです。導入してまだ2年の仕組みのため、どの程度伸びているかという定量的なデータはまだ完全には取れていませんが、大きく伸びていると実感します。自分が入居者の立場であればご理解いただけると思います。

まずはクレームを起こさない仕組みづくり、そして万が一起きた場合にはその場で迅速に対応（解決）する仕組みづくり。これによって入居者の満足度を高めること、不満を極力ゼロにして入居年数を伸ばすことがオーナー利益の最大化につながります。

クレーム対応のステップ

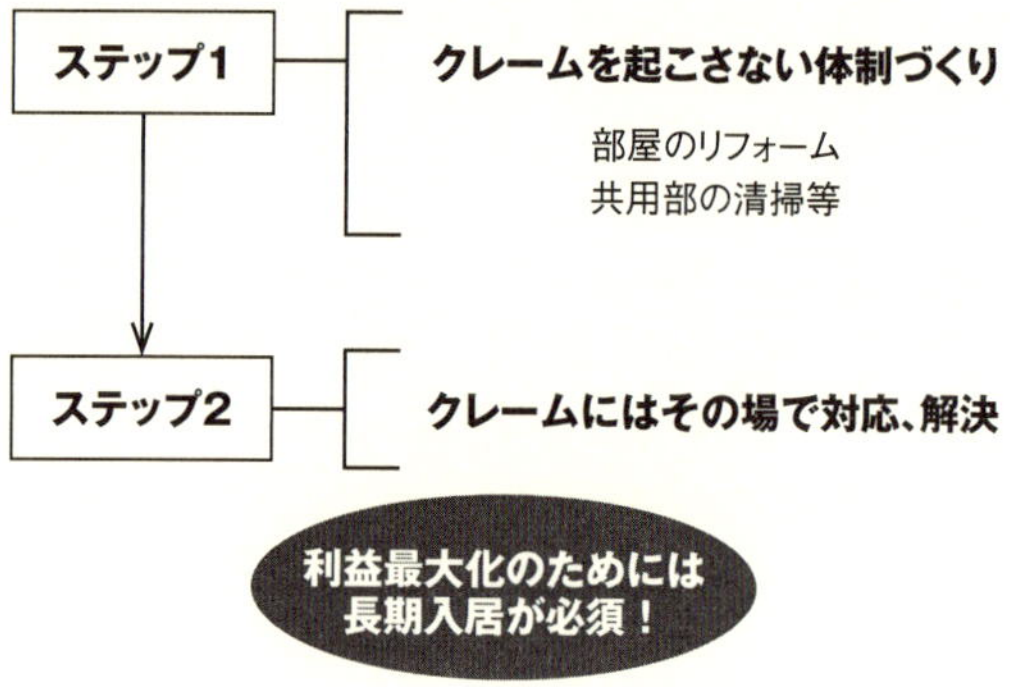
ステップ1
クレームを起こさない体制づくり
部屋のリフォーム
共用部の清掃等
ステップ2
クレームにはその場で対応、解決
利益最大化のためには
長期入居が必須！

Q9

適切なリフォーム&原状回復費用の見極め方は？

賃貸経営をしていると、入退居の度に原状回復費用がかかりますし、場合によっては大がかりなリフォームも必要です。お金をかければ綺麗になりますが、その分収益が圧迫されてしまいます。適切なリフォーム&原状回復費用の見極め方を教えてください。

A 工事は費用対効果で判断するのが基本（自己満足でやってはいけない）

◆「復旧工事」と「アップグレード工事」

収益物件のリフォームは、費用対効果を考えて行うのが基本です。ここが自宅等の実需不動産との大きな違いです。実需不動産に関しては自己満足の世界です。大理石を使う、豪華な外国製システムキッチンを入れる等々。しかし収益物件はあくまでも投資ですので、その工事でどれだけの効果があるかという視点が原則になります。

具体的には、不具合を正常化する「復旧工事」と、物件の価値向上を目的とした「アップグレード工事」の二種類に分けて考えます。

「復旧工事」はマイナスをゼロに戻すものです。「アップグレード工事」は文字通りプラスアルファを求め、賃料の維持またはアップを狙います。

簡単な例を挙げるなら、「復旧工事」は、水道から水が漏れているとか、網戸が破れているといった不具合の修繕です。もっと大規模なものだと、外壁のタイルがはがれ落ちる寸前で、そのままでは入居者や通行人に被害が及ぶ場合の修復工事などです。要するに、**その工事をやる、やらないという判断ではなく、やらなければ物件を運営できないものが「復旧工事」**だと考えてください。ただし、「復旧工事」においても「費用対効果」の視点は重要なのでコストを抑える工夫は必要です。

一方の**「アップグレード工事」は**、「復旧工事」と異なり、必ず行わなければいけないものではなく、**費用対効果を考えて、やるかやらないかを判断**します。

たとえば、キッチンを替えた場合に、現状のままと交換した場合とで比較し、どういった効果が得られるのかをきちんと考える必要があります。

賃料アップなどに効果が表れなければ、無意味なリフォーム（支出）となってしまいます。工事を行う場合には、まずそれが「復旧工事」なのか、それとも「アップグレード工事」に該当するのかをしっかりと考えたうえで実行することが大切です。

もちろん、両方が混在する場合や、はっきり線引きできない工事もありますが、リフォームを行ううえでの基本的な考え方として認識しましょう。

◆「アップグレード工事」を行う場合は、「利回り」を常に考える

物件の管理を管理会社に任せているオーナーさんも多くいます。しかし、費用対効果（＝「利回り」という考え方）の認識がない管理会社による不必要なリフォーム工事の提案を受け入れてしまうことは、オーナーさんの利益を損なうため注意が必要です。

また、リフォームの業者選定においても、コスト意識がなければオーナーさんの望む成果を出すことはできません。管理会社として、工事内容、各部材単価等も工事業者に指示できる知識が求められます。工事業者は入居希望者の要望や、オーナーさんの意向をすべて理解しているわけではないので、それらを踏まえて指示を出せることが重要になります。

◆リフォーム利回りの方程式で適切なコストを算出する

収益物件活用は、利益＝（売却額－取得額）＋（収入－支出）を最大化することが目的です。リフォームに関しても、この考え方を適用しなければ事業はうまくいきません。費用対効果（＝「利回り」という考え方）が重要なのです。

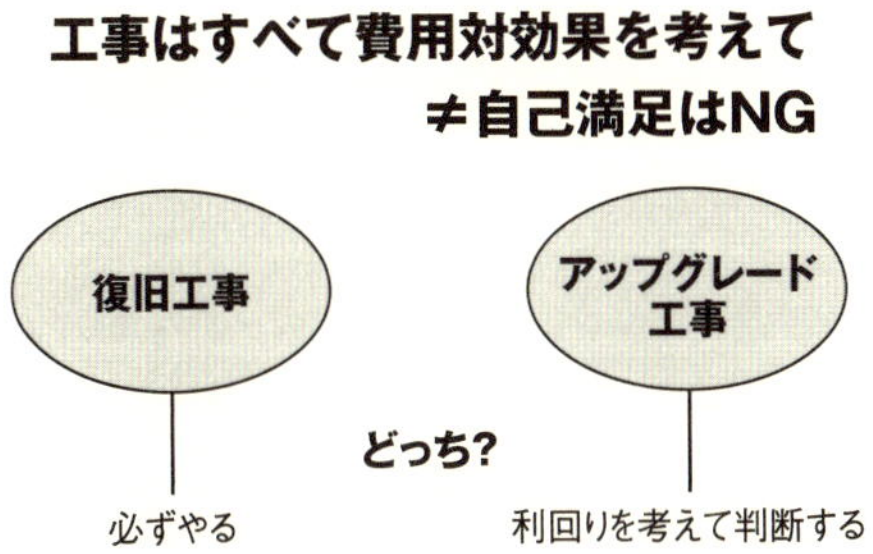

その費用をかけることでどれだけの賃料を取れるか、賃料下落をどれだけ食い止められるか、売却価格にどれだけ反映されるか、ということです。

収益物件活用は長期にわたるので、リフォームについても投資基準を持って行う場合と、持たないで行う場合とでは結果に大きな差が出てきます。

クロス一つとっても、同じようなデザインでも価格に倍近い差があったり、探せばいくらでも高価なものが存在したりします。

つまり、賃料上昇分を利回り計算し、物件購入（建築）時の利回りより高ければ施工メリットは高いと判断できます。

たとえば、和室から洋室への変更工事を20万円で行うことで3000円の賃料下落を抑えることができれば、次ページの計算式の通りメリットがあると考えてよいでしょう。

このように、アップグレード工事にも「利回り」という考え

〈リフォーム費用の判定〉

$$「リフォーム利回り」=\frac{賃料増加分^{※}\times 12ヵ月}{工事費}\times 100\%$$

※賃料の増加分、もしくは下落抑制分

「リフォーム必要性判定」の方程式

「リフォーム利回り」 ≧ 取得時利回り
（売却時想定利回り）

➡ 有効 ○

「リフォーム利回り」 ＜ 取得時利回り
（売却時想定利回り）

➡ 不要 ×
（再検討する必要あり）

方を取り入れることで、やるべきものと、やる必要のないものの判断が明確になります。

◆広告料とリフォーム費の効果を比較する

現在は、どちらかというと「広告料を出すくらいなら、しっかりとしたリフォームで入居率を高めたい。できれば賃料も上げたい」と考えているオーナーさんが多いように思います。しかし、前述のリフォーム利回りの方程式のように、リフォーム費用も広告料も入居者を獲得するためのコスト（変動費）には変わりありません。

たとえば賃料5万円の部屋があったとして、5万円のリフォーム費用をかけるのと、広告料を5万円増やすのとでは、どちらが高い効果を得られるでしょうか。

入居希望者を紹介してくれる賃貸仲介会社の営業マンは、常に報酬額を気にしています。これは毎月厳しい営業成績を求められているためです。極端なことをいえば、どんなにきれいな部屋だとしても報酬が少なければ案内しませんし、少々汚い部屋でも報酬の高いほうに入居希望者を案内します（ただし、先述の通りクレームが起きるような汚い部屋は大きな問題になるのできちんとリフォームする必要があります）。

実際に私の会社の管理物件でも、リフォームをかける選択肢と、リフォームをかけずにリフォーム費用相当額を広告料に充てる選択肢のなかで、リフォーム費用の部分を広告料に充てて入居率を高めた事例が数多くあります。

ただ単にリフォームすればよいということではなく、リフォームした場合と広告料を上げた場合の費用の比較が重要なのです。あくまでも利益を最大化する視点で支出をコントロールするということです。

なお、広告費を多く出した場合は、早期退室の対策も必要です。広告料が多いために仲介会社が無理やり入居者にすすめて入居させるため短期解約が多くなるからです。たとえば1年以内に入居者が退去となった場合のペナルティーとして、仲介会社・入居者への違約金を契約書に付記しておくべきでしょう。

◆費用対効果を考えれば、賃料を下げる選択肢もあり

利回りで考えた場合、賃料を下げるのも費用対効果の高い方法の一つです。たとえば、リフォームをして募集をかけた場合の賃料が10万円で、工事費用は50万円だったとします。

リフォームをかけずに募集をした場合は、賃料が9万5000円でリフォームをした場合との差額は5000円です。

この場合、年間賃料が5000円×12カ月=6万円の収入アップとなるので、「リフォーム利回り」は6万円（賃料アップ分）÷50万円（リフォーム費用）で、12%となります。

しかし、この工事費用が100万円かかる場合はどうでしょう。このリフォーム工事の「利回り」は半分の6%となってしまいます。この際の判断基準として、物件購入時の利回りと同じか、または上回っているかという点に注目してください。仮に物件を12%の利回りで購入したのであれば、このリフォーム工事によって収益性が低下してしまうという判断になります。この場合には、工事を行わず賃料を5000円下げたほうが収益性の点からはメリットがあることになります。

50万円以下の工事費用であれば、利回りは12%以上となるので、物件購入時の利回りと同水準以上ですから、工事を実行することで収益性が維持・向上できます。

このように、利回りという基準で考えれば、賃料を下げるのかリフォーム工事を行うのかが明確になり、素早く的確な判断を下せるようになるのです。

◆入居者からの賃料減額交渉も退去の場合の利回りと比較して考える

私の会社の管理物件で、契約年数の長い入居者から現在の募集賃料との差額を理由に、賃料減額交渉が入るというケースが出てきています。

これはインターネットの普及により、賃貸情報の検索が容易になったことが原因と考えられます。以前であれば「嫌だったら出ていってください」で済んでいましたが、一人の入居者当たりの募集コストやリフォーム費用、原状回復工事の費用を考えると、そう言っていられない事情があります。

そのような交渉が入った場合にも、入居者からの希望賃料値下げ幅と、退去後のリフォーム費用、募集コストを比較することで、適切な対応を取ることができます。ただし、売却を想定している場合、賃料総額が低下してしまえば売却価格の下落につながりますので注意が必要です。売却も含めた利益の最大化という視点から判断しなければなりません。

また前述の通り、賃料交渉や退去などは、発生しないことが一番です。日頃から入居者の満足度を高める努力（入居者への各種提案、物件の清掃の徹底、素早いクレーム対応）など、「攻めの経営」を行うことで、賃料値下げ交渉や、退去の確率を低下させることができます。

◆リフォーム費用を借り入れで賄う

リフォーム費用でも大規模で高額なものに関しては借り入れを使うのも一つの方法です。当社ではジャックスやオリコ等の信販会社数社と提携して収益物件のリフォーム費用をオーナーさんに利用していただいています。現在は金利も安く2〜3％台で10〜15年の借り入れができます。これによって手元資金を崩すことなく、賃料収入で返済していけるので無理なく収益物件活用ができます。

この提携リフォームローンも管理会社の力に応じて提供を受けています。管理戸数、入居率といった管理実績に応じて信販会社は商品を提供します。具体的には金利や借入年数は管理会社の力によって決まってくるということです。取引の多い管理会社には低金利、長期の融資を提供します。そのため、ここでも管理会社の力が重要になってくるということです。

Q10

家賃滞納者を追い出すには？

オーナーチェンジで購入した収益物件に、家賃滞納者がいます。保証会社にも入っていないので、毎月未払い家賃が溜まる一方です。どのような手順を踏めば、速やかに退去してもらえるでしょうか？

A　滞納家賃を督促し、支払いに応じなければ最終的には裁判

◆まずは滞納家賃の回収を試みる

家賃の滞納を防ぐためには保証会社への加入が必須ですが、中古物件を取得した場合には、既存の入居者が保証会社に加入していないケースがほとんどではないでしょうか。既存の入居者に対しては保証会社への加入を促すものの、すべての入居者を加入させられるわけではありません。そして保証会社に加入していない入居者が家賃を滞納するケースも多々あります。その場合には、オーナーさん自らもしくは管理を委託している場合には管理会社が滞納家賃を回収しなければなりません。

回収のポイントは、滞納が始まったらすぐに督促の電話、書面の送付を行うことです。月末に入金がなかったら月初めの早い段階で督促をすることによって大きな滞納になることを防ぎます。それでも払わない入居者に対しては、直接訪問します。滞納者に、家に来られるのは嫌だという心理的プレッシャーをかけることで回収を図るのです。

連帯保証人がいれば、連帯保証人に対しても電話、書面による督促を行います。場合によっては内容証明を送ることもあります。人間には、やはり人に迷惑をかけるのは嫌だという本能（特に日本人には）があるので、この段階で支払う入居者がほとんどです。

ただ、ここまでしても連絡が取れなかったり、連絡を無視したりする入居者からは、回収が非常に難しくなります。滞納額はすぐに3カ月分、4カ月分と膨らんでいきます。3カ月以上膨らんでしまっては余計に回収することは難しくなります。入居者も金額が大きくなってしまって支払いをあきらめてしまうのです。ですので、**滞納の初期での督促が重要**になってきます。大火事になる前にぼやの段階で火を消すということです。

滞納金額が大きくなってしまったら、家賃回収専門の弁護士事務所に委託しましょう。現在では、この分野に特化した弁護士事務所も出てきており、私の会社でもいくつかの弁護士事務所と提携して家賃の回収を委託しています。委託するにあたっての費用は、成功報酬のところが多く、回収額の30％前後となるのが一般的です。全額回収できないリスクを考えれば、合理的な方法といえるでしょう。

◆力ずくでの追い出しは厳禁

何カ月分もの滞納家賃があり、いくら督促しても支払いに応じない場合は、裁判を通して明け渡しの判決を得るしかありません。

普通賃貸で貸している場合、オーナーさんが力ずくで入居者を退去させることは不可能です。家賃を払ってくれなければ出ていってもらうと何度訴えたとしても、入居者本人が住み続けている以上、基本的にはどうすることもできません。入居者も出かけているか、部屋にこもっているなどして、電話にも出ず、直接話し合うことさえ難しいケースも多くあります。

こうなってしまうと、残された手段は訴訟（裁判）のみです。部屋を明け渡されるべきかどうかを裁判官の判断に委ねるわけですが、半年を超えるような長期間にわたって滞納し続け、督促の連絡にも応じない状況であれば、まず間違いなく明け渡しの判決が出されるでしょう。そして裁判官によって強制的に執行してもらうことになります。

いくら悪質な滞納者であっても、強引に退去を迫るような対応は厳禁です。鍵を交換してしまう、荷物を倉庫に入れてしまう、といった対応を取る管理会社も一時話題になりましたが、普通賃貸においてはオーナーさんにそこまでの権限はありません。逆に入居者から訴えられて無用な負荷が増えてしまうことにもなりかねないので、合法的な手段で進める必要があります。

ちなみに、訴訟で判決を取って強制執行まで行えば最低半年、長ければ1年かかります。この間は賃料も入らないし、弁護士の費用もかかるうえに強制執行の費用もかかりオーナーさんにとっては踏んだり蹴ったりです。そのため基本的には、訴訟の前の段階で回収することに努めなければなりません。

◆定期借家契約でリスクに備えることも

家賃滞納者だけでなく、騒音が多い、他の住人に迷惑をかけるといった入居者にも、出ていってもらいたいケースはあります。話し合いで解決すればいいのですが、このような問題を起こす入居者はそう一筋縄でいかないことがほとんどです。最悪の場合、たった一人の迷惑な入居者のために、他の入居者が退去してしまうリスクもあります。

こうしたリスクに備えるため、定期借家契約を結ぶことも考えられます。1〜3年程度

滞納トラブル対応の流れ

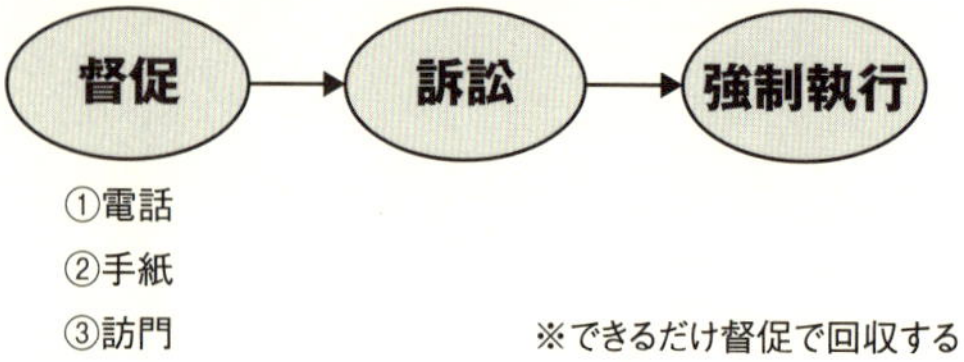

の定期借家契約を入居時に結んでおき、問題がある場合は次の契約を結ばずに、期間満了に伴って出ていってもらうということです。

入居者からすれば、「何を理由に再契約できなくなるか分からない」という不安があるため、募集時に警戒されてしまう可能性もなくはありません。しかし、常識的な範囲で住んでいれば問題ないことを理解してもらえる入居者であれば、定期借家を理由に契約をやめるということもないでしょう。むしろ、入居者の質を高くするという意味では合理的な方法だといえます。

ただし、定期借家の導入は物件力によって違ってきます。定期借家は基本的には入居者に不利なため、市場で競争力のある物件は定期借家にしたほうがよいし、競争力のない物件で定期借家にするのは現実的には難しいでしょう。

Q11

退去負担金について裁判を起こされたらどうする？

入居の際の契約書に、「退去時にクリーニング代を負担すること」という特約を入れていたのですが、入居者は「通常の使用で汚れた分は大家さんの負担だ、東京ルールで決まっている」と言って譲りません。このままでは裁判になりそうですが、どうしたらよいのでしょうか？

A 契約書に入居者負担の範囲を明記しておくことで対抗する

◆退去負担金を巡る争いは多い

住宅の賃貸借契約において最も多いトラブルは、退去時の敷金の返還と原状回復義務（退去負担金）に関するものです。

そのため、東京ルールや国土交通省のガイドラインが定められ、借り主の負担すべき範囲も明確に規定されました。今では敷金の多くが返還され、原状回復費用の多くはオーナーさんが負担することになっています。

しかし、次に問題になっているのが、特約として明記されたクリーニング代などの退去負担金です。これも更新料などと同様に、長い間裁判が行われてきましたが、最高裁の判決が出ています。「賃貸借契約書に明記してある範囲については入居者が負担しなければならない」という内容です。

つまり、**賃貸借契約書に、退去時にクリーニングを行うことや畳の表替えを行うことを**

きちんと明記してあれば、有効であるということです。非常に細かい内容ですが、これらを賃貸借契約書に明記することで、後々のトラブルはほとんど回避することができます。

ただし、東京ルールや国土交通省のガイドラインを越えて定めたものについては、訴えられた場合に貸し主側が敗訴するので、何でも特約にできるというわけではありません。

◆退去負担金の確実な回収方法

入居者が退去するときに支払う原状回復に要する工事費のうち、入居者が負担すべき金額を退去負担金といいます。この退去負担金をできるだけ多く回収することが、収益物件活用においては非常に重要です。入居者の住み方によっては、その原状回復費用だけで100万円近くかかるケースもあるからです。

そして、**退去負担金の取りっぱぐれが増えてきている**ことも事実です。退去負担金を確実に回収するためには、いくつかの工夫を講じなければなりません。

退去負担金は「金額の確定」と「回収」という二つのポイントに分けて考える必要があります。

まずは「金額の確定」です。これは入居者が退去にあたって原状回復費用のうちいくらを負担するかということです。

後述するように保証会社を利用することで回収自体に問題はなくても、前提として入居者にいくら支払ってもらうかを約束してもらわなければなりません。これが金額の確定です。この金額の確定にはさらに二つのステップが必要になります。

一つ目は、賃貸借契約書にきちんと負担区分を明記することです。賃貸借契約書への記載がなければ負担区分は曖昧になり、現在の消費者保護の流れの中ではオーナーさん負担になってしまうケースがほとんどです。

次に退去立ち会いが重要になります。退去立ち会いとは、退去時に入居者とともに部屋の中を確認し、どの部分が入居者の過失であるかというのをその場で確認し、双方合意のもとでサインをしてもらう行為です。たとえば、たばこのヤニによってクロスが黄色くなっていれば、入居者の負担ということになります。

この退去立ち会いのやり方次第で入居者にいくら負担してもらえるか、その金額が決まってしまいます。入居者のサインがもらえなければそもそも債権になりませんので、保証会社の保証の範囲にもなりません。

退去負担金は保証会社の保証対象にもなる

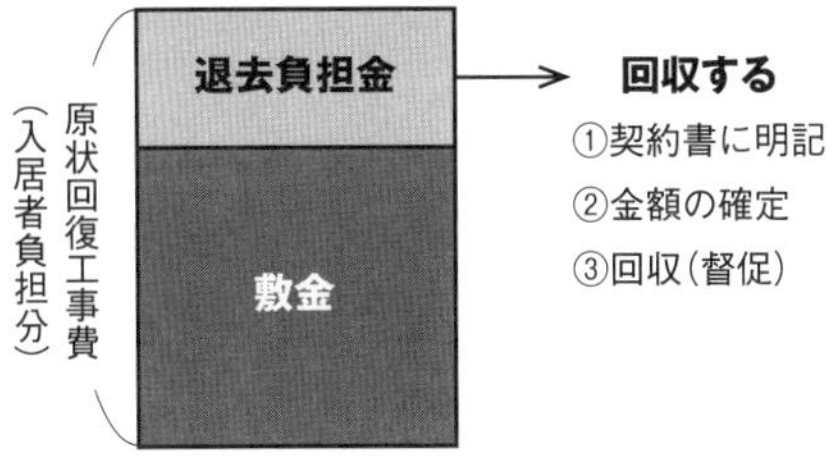

このように、まずは退去負担金をきちんと設定し、入居者のサインをもらう（金額を確定する）ことが重要です。

そして、次に「回収」に関してですが、私の会社では保証会社を利用しています。

現在私の会社では提携する保証会社と商品を開発し、新規の入居者に関してはこの退去負担金までを保証の範囲としています。ちなみに上限が賃料の3カ月分です。これによって退去時に保証会社から退去負担金が入ってくるので、いわゆる取りっぱぐれがなくなります。もちろん上限を超えてしまう場合は回収が必要になりますが、ほとんどのケースで保証の範囲内に収まっています。

また、保証会社を利用することにより、初期費用なしで入居者募集ができるというメリットもあります。敷金とは本来退去したときの負担金を担保する目的で入居者から預かりますが、それが保証会社で保証されることによって、敷金を預かる必要がなくなります。

「敷金なし」で募集できればリーシングにおける競争力が増し、入居率が向上していくというメリットもついてきます。まして、昨今の不況によって入居希望者の傾向としては初期費用を軽減したいというニーズが大きくなってきています。初期費用を抑えること（かつリスクヘッジもできること）が入居者獲得に大きな効果を発揮します。

第4章

効果的な
タックスマネジメントで
手残りを最大化する
税金編Q＆A

Q1

減価償却で税を先送りにして、節税の効果はあるの？

収益物件を購入して減価償却で利益を圧縮しても、その分簿価が減価していくので、売却時に譲渡益税を払わなくてはなりません。それでは、結局減価償却で税金を繰り延べしているだけで、最終的に払う税金は同じなのではないのでしょうか？

A 減価償却で課税を繰り延べすることで、手元キャッシュを増やし先に活用できる

◆キャッシュフローは黒字でも、赤字として計上できる

減価償却とは、不動産のような償却資産にかかる購入費などを、国税庁の定める耐用年数に応じて数年にわたって費用計上していく仕組みのことです。**ポイントはキャッシュアウトせずに経費計上できる点**にあります。

減価償却の制度をうまく利用することによって、会計上多額の費用を計上することができます。たとえば年間所得2000万円の経営者が、築23年の木造で物件価格1億円（土地5000万円、建物5000万円、借入金利2％）を全額借り入れで取得したとします。年間の賃料収入は1000万円、経費が200万円、元利金の返済が500万円です。すると税引前のキャッシュフローは年300万円のプラスになります。

300万円の利益が出れば課税対象になりますが、ここでポイントになるのは減価償却です。5000万円の建物を4年間で減価償却すれば、1年あたりの償却額は1250万

円になります（土地は減価償却ができません。また償却額の算出方法は割愛しています）。

元利金返済のうち、元金は経費に計算されないので、賃料収入1000万円から借入金利200万円（1億円×0・02）、経費200万円、償却額1250万円を引くと、会計上は、650万円の赤字になります（P61参照）。

実際のキャッシュフローは黒字でも、帳簿上は赤字になるわけです。ここがポイントです。お財布の中身は現金があるのに、帳簿上だけ赤字になっている状態です。

そして、この**帳簿上の赤字650万円を法人はもとより個人でも、他の所得と損益通算できます。**ここが二つ目のポイントです。

本業の所得とプラス・マイナスできるので、本業の所得が減るという効果があります。所得2000万円と仮定しましたが、収益物件の減価償却によって650万円の赤字が発生しているため、会計上の黒字額は差し引きで1350万円に減り、その分所得にかかる税金が安くなるのです。

ただ、減価償却の仕組みを活用した節税は、厳密には税金の額を減らしているわけではなく、次年度以降に先送りしている（繰り越している）にすぎません。**先送りにした税金は、売却時の譲渡益にかかる**ことになります。

減価償却の仕組みを使った税金の圧縮

所得税・法人税対策

損益通算によって所得・営業利益を圧縮

例）所得2,000万円の経営者が物件を購入。賃料収入から経費に加えて減価償却費を差し引き、650万円の赤字を計上した場合

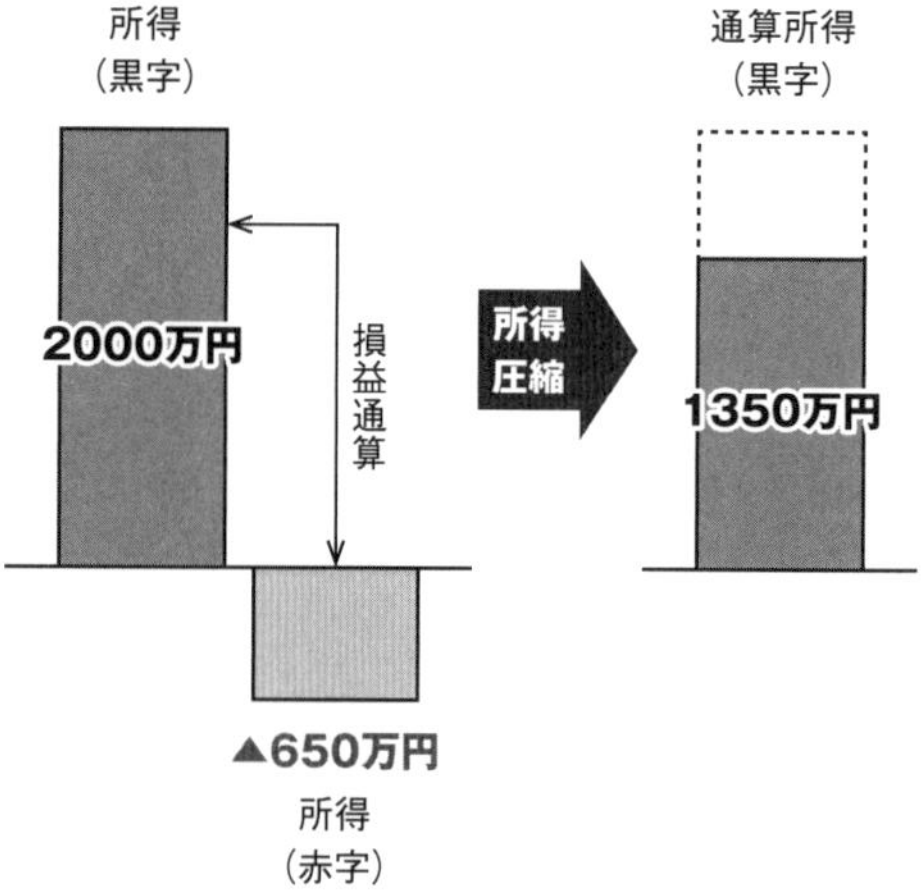

課税対象所得を **1350万円に圧縮**

キャッシュフロー（税引前）

賃料収入	1000万円
経費	▲200万円
元利金返済	▲500万円
	300万円

会計

賃料収入	1000万円
経費	▲200万円
金利返済	▲200万円
減価償却費	▲1250万円
	▲650万円

しかし、物件の売却時にしっかりと戦略を立てておけば、最終的に繰り越していった税金を圧縮することもできます。このように、収益物件の活用においては、取得から売却までの一連の活動で利益を考え、計画的な運営をすることが重要です。

◆税金の先送りと売却時期の調整で経営を安定させる（法人の場合）

分かりやすく説明するために、まず物件を売却する際の課税から考えてみましょう。物件を売却した場合、売却金額から簿価を控除し、さらに売却に要する費用を控除した利益に対して課税されます。

売却金額－簿価－売却に要する費用＝利益←課税

簿価とは、取得価格から毎年建物と設備の部分を減価償却していったその残額です。また、売却に要する費用とは、仲介手数料や売買契約書に貼付する印紙代などになります。

つまり、減価償却が終わった総額1億円（内、建物価格5000万円）の物件が1億円で売れた場合、単純に「売却金額1億円－購入金額1億円＝0で利益はゼロ」となるわけではなく、所有している間に減価償却していた建物分（5000万円）が簿価から引かれていますので、「売却金額1億円－簿価5000万円＝5000万円、この5000万円から売却に要する費用を引いたもの」に課税されるということです。

つまり、減価償却で数年にわたって税金がかからなかった利益に対して、ここで課税されるわけで、減価償却による節税は、本質的には課税を先送りしているといえます。

重要なのは課税額を一時的に減らして先送りしていることの効果と、出口戦略を考えることです。トータルでは納める税額は同じだとしても、減価償却を使って税金の支払いを先送りにすることで、手元に今すぐ使えるキャッシュを残すことができます。

経営という観点からすれば、そのキャッシュを運用できることに十分なメリットが生まれています。今日の1000万円と5年後の1000万円は価値が違います。手元に1000万円があれば、別の投資商品に投資することもできれば、本業の拡張資金に充てることもできるからです。5年後にしか1000万円が手元に入らないのであれば、同じことをしようとすれば金利を払って借り入れるか、手元資金を崩さなくてはなりません。

実際の収益物件の運用においては、キャッシュフローを得ながら減価償却で課税を先送りにしておき、税所得を赤字の年にぶつけて相殺する、あるいは減価償却が終わるタイミングで別の物件を追加で購入して、さらに課税を先送りにするといった臨機応変な対策も立てられます。

さて、では売却時の利益にかかる税金は、どのように捉えればいいでしょうか。

収益物件活用の優れた点は、この売却時期を任意に決められることです。

たとえば、法人の場合であれば、減価償却を利用して次ページの図のように4年間、3000万円ずつの利益を圧縮し、その税金である1200万円を繰り延べてきたとします。そして、5年後に1億2000万円の本業赤字が出たとして、その年にこの物件を売却することができれば、トータル4800万円の節税ができたことになります。

このように、**収益物件の減価償却を活用することによって、税金をコントロールし、会社の経営の安定度を高めることができる**のです。

他のメジャーな節税方法である、生命保険やオペレーティングリースではこの売却（出口）が商品設計にあらかじめ組み込まれており、任意に設定することができません。しかし、収益物件であれば、取得から売却までの一連の活動の中で、自分で戦略を立てられるのです。

税の繰り延べによるタックスマネジメント

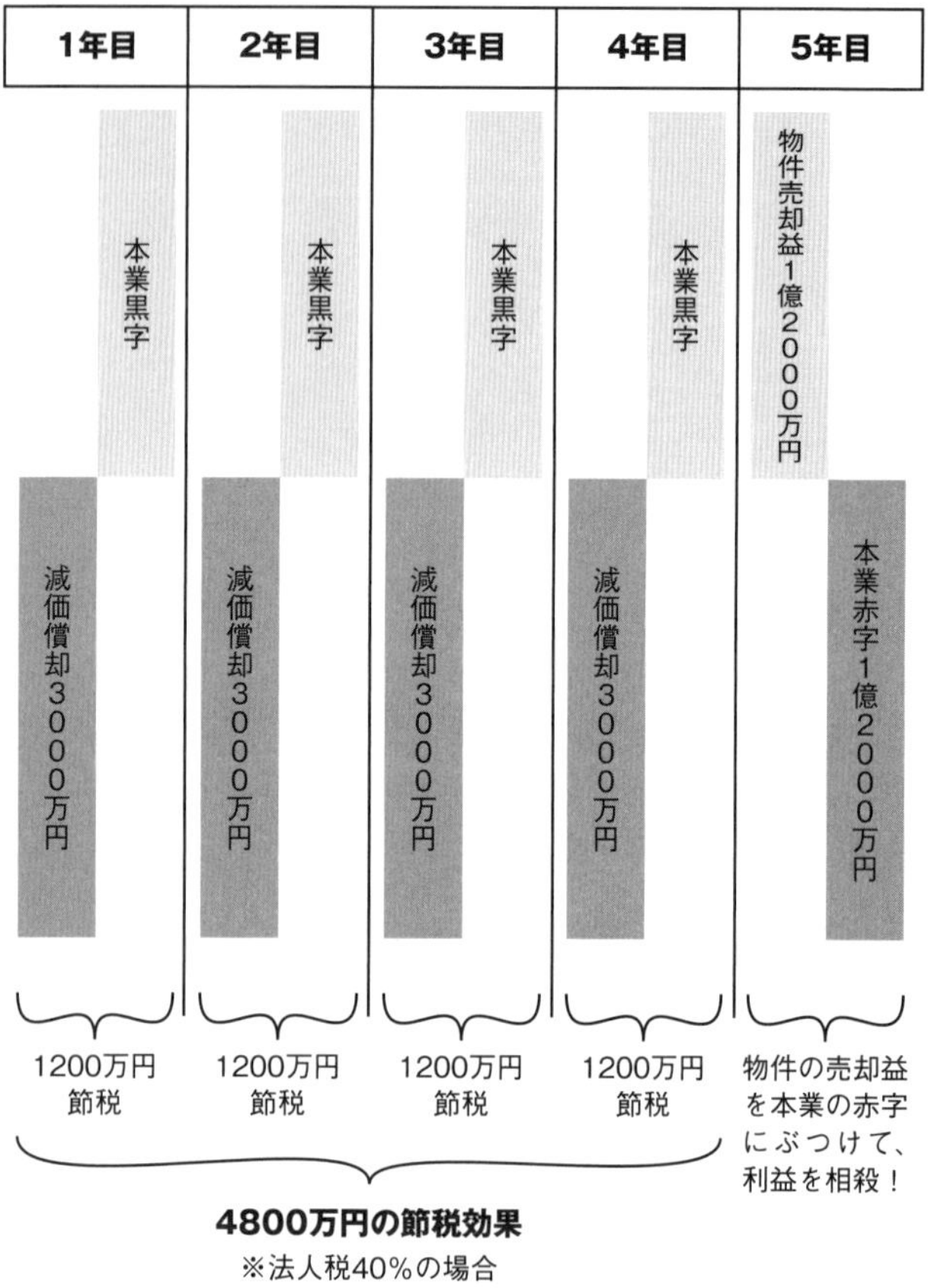

◆保有時と売却時の税率のギャップで節税する（個人の場合）

法人でのタックスマネジメントを説明しましたが、個人で収益物件を取得し、活用する場合においては、物件の保有期間にかかる税率と売却時にかかる税率にギャップがあるため、さらにメリットが得られます。

単純に税金を先送りしているだけではなく、税額そのものが少なくなるということです。ここが個人の収益物件活用における最大のポイントです。

個人の収益物件の保有期間における損益は、他の所得と通算されたうえで課税される総合課税です。たとえば所得税の最高税率55％（地方税含む。課税所得4000万円超の場合）の人であれば、減価償却で赤字を計上した分、税率にすれば55％の節税効果があります。仮に収益物件の減価償却で500万円の赤字が出れば、節税効果はその55％である275万円です。＊細かい計算は割愛しています。

一方、収益物件の売却時の税率は、他の所得とは切り離して課税される分離課税です。収益物件を5年超所有した後に売却する長期譲渡においては、税率が約20％となりますので、保有時の税率と比較して、35％ものギャップが生まれ、大幅な節税が可能となります。

税率55%の場合の節税例

所有年数	1年目	2年目	3年目	4年目	5年目	6年目
減価償却額	500万円	500万円	500万円	500万円	0	売却 減価償却分2000万円にかかる課税 （長期譲渡20%）
節税額	275万円	275万円	275万円	275万円	0	
節税額　計1100万円						納税額400万円

節税額1100万円－納税額400万円＝700万円

※概算の数字です

最高税率（55%）の人が、木造築古物件で毎年500万円、4年間減価償却した場合で考えてみましょう。

建物価格2000万円について、4年にわたり毎年500万円ずつ減価償却を行った場合、毎年の節税額は275万円、4年間で計1100万円になります。

6年目に長期譲渡で売却した場合、減価償却分2000万円の譲渡益にかかる税金は20%で400万円になるので、差し引き700万円もの節税ができたことになります。

このように、個人の場合は保有時と売却時の税率のギャップを利用することで、税の先送りだけではなく、文字通りの節税（減税）が実現し、利益を最大化することが可能になります。

税金を先送りすることで手元のキャッシュを有効に運用できる

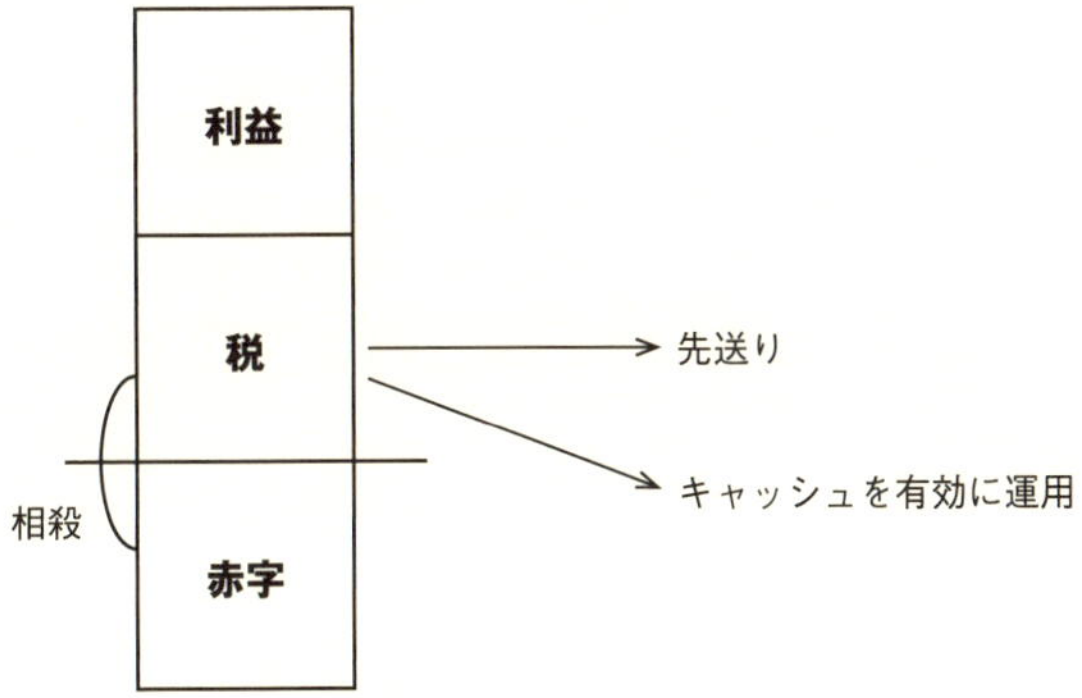

Q2

減価償却費で赤字が膨らむと、融資を受けるときに不利になる？

減価償却で節税ができるのは分かりますが、減価償却を取った結果、決算が赤字になってしまっては金融機関の評価が下がって融資を受けられなくなるのではないでしょうか？　まだ借り入れで物件を増やしていきたいので、なるべく融資を受けやすい状態にしておきたいのですが。

A　減価償却の赤字は、融資の評価には関係ない

◆減価償却はキャッシュフローに足して評価される

金融機関側が本人の属性や経営している会社の財務状況を見るとき、減価償却による利益の圧縮、もしくは赤字はどのように評価されるのでしょう。

結論からいえば、減価償却が多くて会社の利益を圧縮している、あるいは赤字になっているといった状況でも金融機関の評価が下がることはありません。

金融機関側は、個人でも法人でもその相手先がきちんと返済ができるか、つまりキャッシュフローを最重要視します。

減価償却費は先述した通りキャッシュアウトを伴わない唯一の経費です。帳簿上に費用計上されるだけでその金額が出ていくわけではないのです。そのため、「利益＋減価償却費」でキャッシュフロー（稼ぐ力）を判断してくれます。

近年ではバランスシート、損益計算書に加えて「キャッシュフロー計算書」（ＣＦ）が

減価償却の赤字は問題ない

会計

売上	1000
経費	500
減価償却	700
	△200

C/F

売上	1000
経費	500
	500

こちらが大切

経営上も重視されるようになってきました。このCFでも、「利益＋減価償却費」がスタートの金額になっていますが、発想は同じで、減価償却費は支出を伴わない唯一の経費なので利益に足して計算するのです。

機械や車両、太陽光発電システム、さらには収益物件……これらの取得によって多額の減価償却費が計上されていても、それらはきちんと金融機関が見て評価してくれます。

なお、法人の場合で、稀に高額の役員報酬を取っている方で会社の損益計算書が赤字のケースがあります。この場合はどのように判断されるでしょうか？

結論から言えば、この場合も同様に融資は受けられます。オーナー会社においては、オーナー社長が会社に利益を残すか役員報酬として個人に移転するかの違いであり、金融機関はキャッシュフローとして「利益＋役員報酬＋減価償却費」を利益として見ています。

◆金融庁の見解

とはいえ、「やはり決算書が赤字では、銀行からの融資が難しくなるのでは……」と心配になる人もいるかもしれません。

金融機関は、金融庁の定めた検査マニュアルに基づいて融資の判断を行います。そして、そのルールに則って融資を実行しているかを金融庁が検査します。以下、金融庁のＨＰから、減価償却についての見解を紹介します。

（金融庁ＨＰ、検査マニュアルに対するよくある質問のＱ＆Ａより）

【質問】 減価償却費の負担により赤字となっているが、キャッシュフローは黒字であり、金融機関に約定どおり借入金を返済している中小企業については、債務者区分をどのように判断すればよいですか。

【答】減価償却費の負担により赤字となっている債務者については、債務者区分の判断に当たり、金融検査マニュアルに記載されている「キャッシュフローによる債務償還能力」に問題が生じるおそれがありますが、仮にそのような場合であっても、金融機関に約定どおり借入金を返済している中小企業については、例えば、減価償却を定率法で行っていることから、投資後初期の段階における減価償却費負担が大きいことが赤字の要因となっている場合や、金融機関への返済資金を代表者等から調達している場合なども考えられますので、金融機関において、「赤字の要因や返済状況、返済原資の状況を確認」することが必要であり、その上で、返済能力について特に問題がないと認められる債務者については、その債務者区分を「正常先」と判断して差し支えありません。

要するに、減価償却費を計上することで赤字になっている場合でも、キャッシュフロー等が黒字であれば、正常な経営を行っている企業として判断してよい、ということに金融庁がお墨付きを与えているわけです。減価償却による赤字は融資の際の問題にならないので、心配無用です。

Q3

建物と設備を分けるメリットは？

物件購入の際、建物の比率を高くすることで、減価償却の幅を大きくしましたが、さらに建物を本体（軀体部分）と付帯設備に分ける方法があると聞きました。本体（軀体部分）と設備を分けるメリットにはどのようなものがあるのでしょうか？

A 設備部分の償却期間を最短で3年まで短くでき節税効果が高まる

◆建物本体と付属設備を分けて償却期間を短縮

物件を購入する際、物件全体に占める建物比率を大きく取ることで、減価償却を多くすることができるのは、前述の通りです。

その効果をさらに大きくするのが、建物本体（躯体部分）と付帯設備（給湯器やエレベータなど）に分けて償却する方法です。付帯設備の耐用年数は15年と決められていますので、建物本体よりも短く償却が可能です。法定耐用年数（15年）を超えた部分は3年で償却が可能です。建物本体と分けることで、設備部分の償却期間を使って原価償却期間を「短く」できるのです。

RC造の物件のように、建物本体の耐用年数が長い物件を購入した場合には特に有効です。

ちなみに、以前はこの3年が定率法で償却できたので、さらに効果が高かったのですが、平成28年より定率法が認められず定額法のみの償却となりました。それでも、3年で償却できれば効果は大きいといえます。

設備の割合としては建物全体の1～2割程度（エレベータがある場合などでは最大3割程度）が一般的ですが、物件に応じて設定する必要があります。

具体例として、建物価格1億円（うち設備価格2000万円）、築23年のRC造物件を見てみましょう。

築23年の物件なので、残りの減価償却期間は28年です。本体と設備を分けない場合は、年間の減価償却は357万円となります。

一方、本体と設備を分けると、当初の3年間は年約951万円もの償却費を計上することができます。2年目、3年目も同様の償却費となり、最初の3年間で合計2855万円もの償却が可能です。

このように建物本体と設備を分けることで、減価償却を短期で大きく取り、高い節税効果（繰り延べ効果）を得られます。ただし、このケースでは4年目以降の償却は建物本体の285万円となるので、4年目以降に限れば、本体と設備を分けない場合よりも節税効果は低くなります。

建物本体と付属設備を分ける

建物価格1億円　築23年　RC造

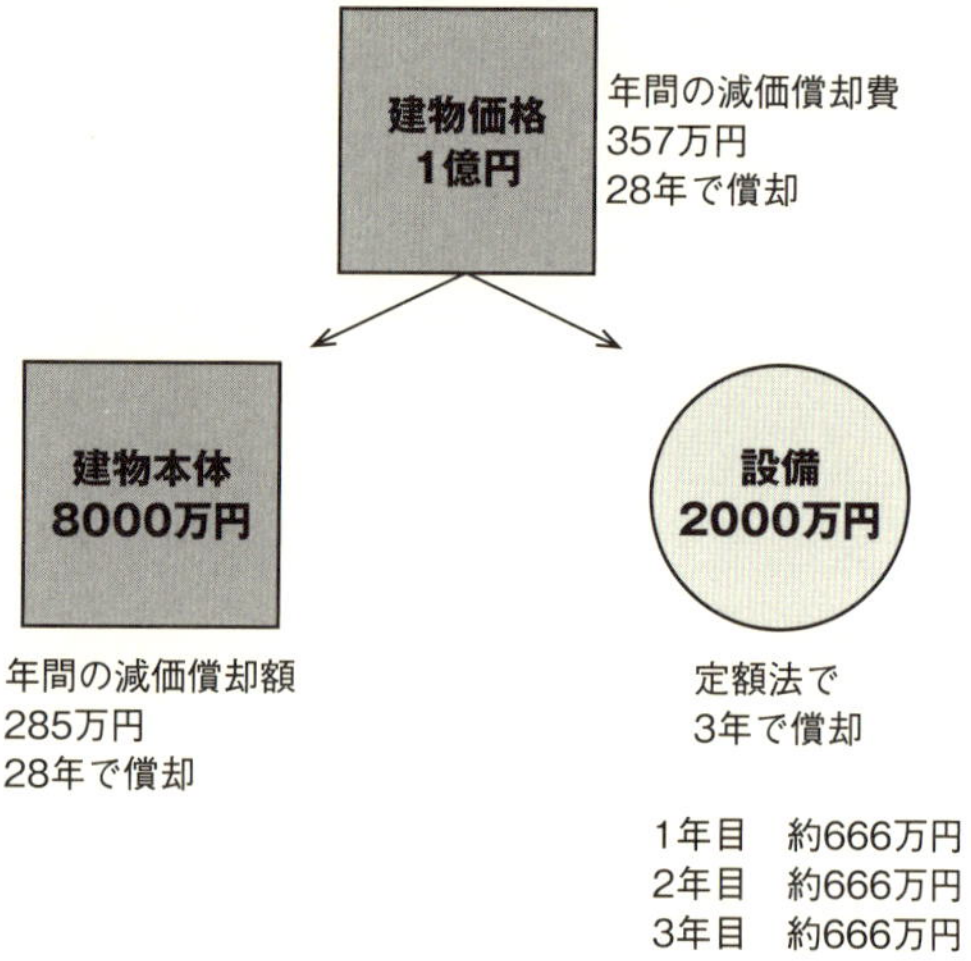

〈減価償却のシミュレーション〉　※イメージ

	1年目	2年目	3年目	4年目	5年目
本体と設備を分けない場合	357万円	357万円	357万円	357万円	357万円
本体と設備を分ける場合	951万円	951万円	951万円	285万円	285万円

最初の3年間は本体と設備を分けたほうが短期に大きく減価償却できる

4年目以降は、本体の減価償却のみになる

Q4

相続税対策になる物件、ならない物件は何が違う？

「不動産を買っておくと相続税対策になる」という漠然とした知識は持っていますが、不動産といっても土地から戸建て、一棟マンションまで様々です。実際に相続税対策に有効な物件とは、どんな物件なのでしょうか？　相続対策になる物件とならない物件の見分け方を教えてください。

A 評価額と市場価格のギャップの大きい収益物件が相続税対策に向いている

◆収益物件を活用した相続税の節税の仕組みとは

収益物件は、相続税対策のためのツールとしても非常に大きな効果を発揮します。平成27年1月以降、相続税が増税されました。基礎控除額が4割も減額されたことで課税対象者が増え、最高税率は55%に引き上げられています。本書の読者にも、将来の相続税の問題に頭を悩ませている人は多いでしょう。

しかし、この問題も収益物件を活用することである程度クリアすることができます。収益物件を取得すれば、現金で所有する場合と比較して資産の評価額が下がります。ここでのポイントは、あくまでも資産の実際の価値が下がることではなく、資産の評価が下がるということです。現金3億円の評価は同じく3億円ですが、3億円の不動産の評価は3億円を大きく下回って評価されるということです。

土地の路線価は、一般的に時価の7〜8割です。建物も同様なので、単純に考えれば現金で持っているより相続税額も2～3割少なくなります。現金を不動産に換えるだけで評価額が下がり、節税になるのです。

収益物件の場合はさらに、土地の上に建物が立っているため貸家建付地としての扱いになり、土地の評価が更地よりも大きく下がります。加えて、建物を入居者に賃貸しているため、建物の評価も下がります。現金を所有する場合と比較すると4～5割も資産の評価が下がることになります。**この評価のギャップを利用するのが、収益物件による相続税の節税方法です。**

この仕組みを個人で活用すれば、相続税の圧縮が可能となりますし、法人で活用すれば、株価（自社株）の評価減が可能となります。

なお、前述した通り減価償却によって法人の利益を圧縮することで純資産価格が下がり、結果として株価を下げる効果がありますので、ここで紹介する時価と評価減のギャップを利用した節税方法と併用すれば、大きく法人資産の評価を下げられることになります。

◆相続税対策になる物件、ならない物件

相続税対策になる物件とは、相続税評価額と市場価格（時価）とのギャップが大きい物件ということになります。繰り返しになりますが、あくまでもこのギャップを利用するのが相続税対策の基本であり、そのためには評価を下げるのが目的になるからです。

具体的には、特に都心部の物件が相続税の節税には向いています。地方の物件の場合、国の評価額よりも実際の市場価格（時価）が低いケースさえありますのでギャップが取れず相続税対策には向いていません。

また、収益物件は、土地の上に賃貸物件が立っていて人に貸していることで、貸家建付地として、相続税は評価減されます（借地権割合によって異なりますが、20％前後の評価減を受けられます）。

◎個人の場合

個人の相続税対策として資産の評価を下げる方法を説明します。

たとえば個人で現金5億円の資産があるとして、この現金で5億円の収益物件を購入す

時価と評価額の差で資産圧縮

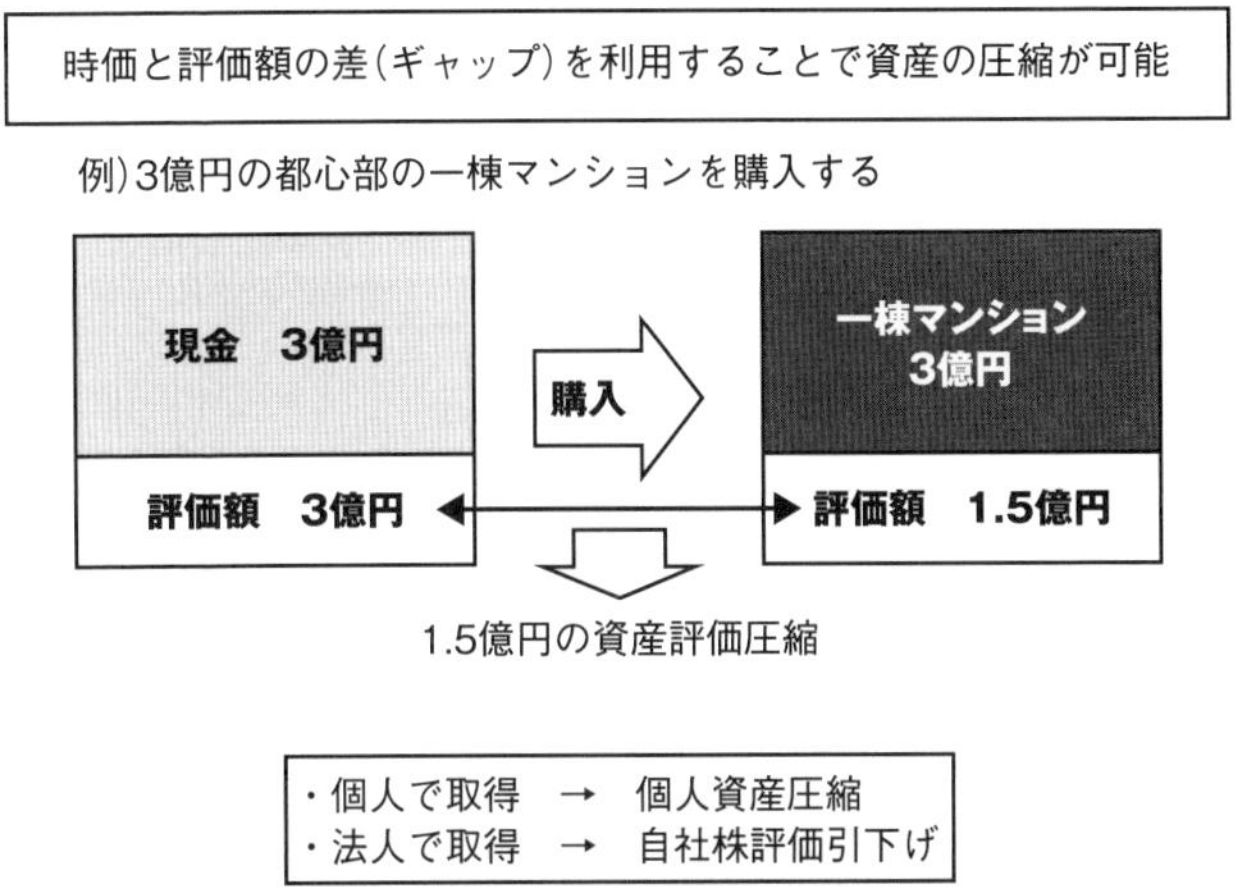

※法人の場合は3年経過期間必要

ることで相続財産（この場合は5億円）の評価が2億5000万円などと下がり、課税対象額も下がります。現金で持っている場合と収益物件に換えた場合との評価の差が大きいほど節税効果が高くなります。具体的な事例で説明しましょう。実際に当社が取引した物件です。

東京の超都心部にある時価3億円の収益物件（賃貸マンション）です。この物件を取得し、現金3億円が不動産に換わるのですが、固定資産税の評価額は約1億5000万円でした。

つまり、3億円の現金をこの収益物件に換えるだけで、相続財産が1億5000万円減額するということです。最高税率の人

借り入れでも同じ効果

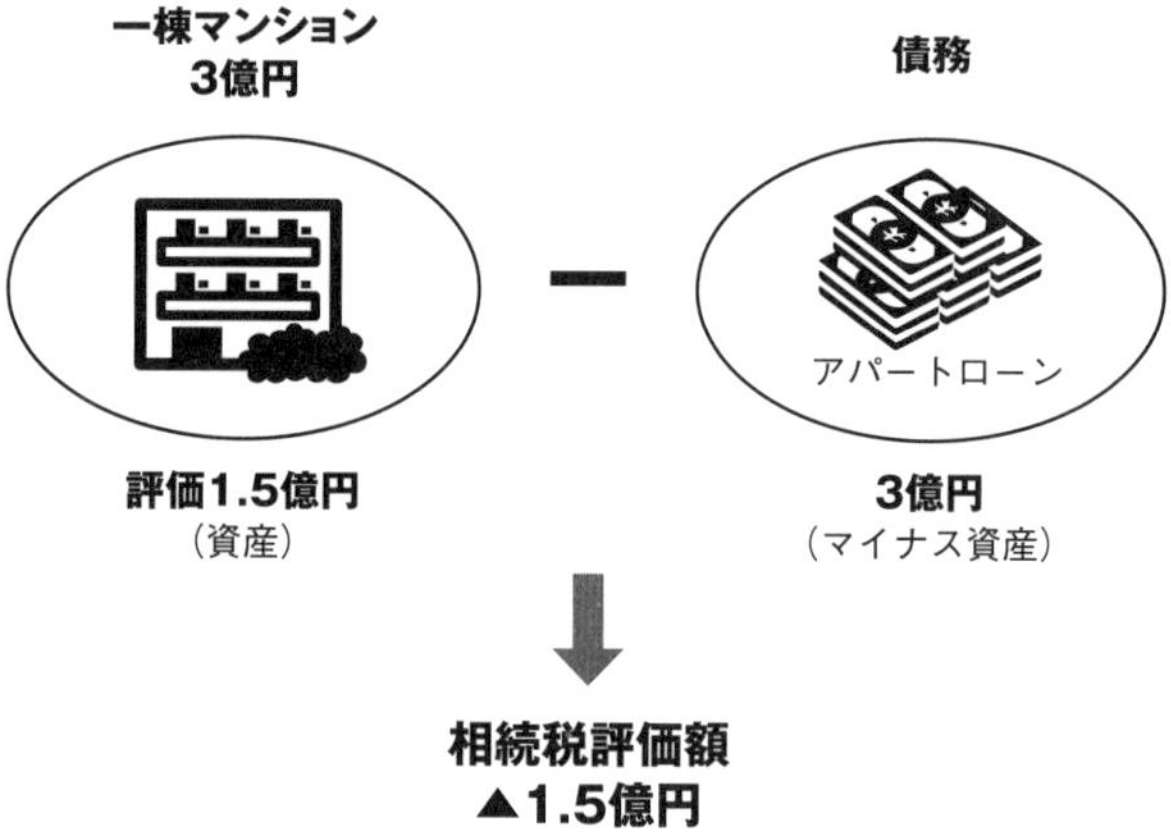

であれば、相続税は評価額の55％ですから、節税額にすればおよそ８２５０万円になります。

借り入れで取得しても効果は同じです。借り入れした場合は、アパートローンの借入残額は債務として残りますので、「債務控除」として相続財産から差し引くことができます。当該物件が３億円で、アパートローンの残額が３億円あれば、相続税評価額は１・５億円の負債となり、この１・５億円の負債を他の資産と足し合わせることになります。

さらに**収益物件のいいところは、借入金を賃料で返済できる点**です。借入金が返済できなければその財産は担保として押さえられてしまいますが、収益物件は賃料が入ってくるため、評価を下げながら資産を守ることができるのです。

なお、個人で取得すれば、取得した時点で相続財産をその相続税評価で評価されるため、相続の直前に収益物件を取得することで資産の評価減を図ることも可能です。

なお、団体信用生命保険に加入している場合は、死亡時に借り入れがなくなってしまうために、相続財産を減らすという効果は得られません。むしろ借り入れのない不動産が残るので、財産は増えてしまいます。しかし1億円の現金を通常の生命保険として受け取ることに比べれば、収益物件の場合相続財産としての評価は現金よりは低くなり、相続税の負担は軽くなります。

◎法人の場合

収益物件の取得を法人で行えば、法人の財産の評価減を行うこともできます。**法人の財産の評価減とは、すなわち株式の評価を下げるということ**です。

オーナー社長にとっては、自社株も重要な資産であり、個人の相続財産のなかで大きな割合を占めているケースも少なくありません。

特に、高齢に達したオーナー社長は、事業承継という問題に直面します。株式の承継を伴う事業承継においては、自社株の評価のコントロールも重要なのです。

いかに税金を抑えて後継者に株式を譲渡するかということは、会社の存続において非常に大きな問題です。

そこで、法人で収益物件を取得することによって、時価と評価額のギャップが生まれます。この差額部分が自社株の評価減につながる仕組みは個人の資産圧縮と同じです。

内部留保の3億円を使って3億円の収益物件を取得することで、先ほどの事例では1億5000万円程度まで評価を下げられます。加えて、減価償却費を計上できるため、それによって利益を減らし、株価を引き下げることも可能です。

ただし、気を付けなければならないのは、**法人で収益物件を取得した場合は取得後3年を経過しなければ、その評価は適用されず実際の取得価額での評価となってしまう**点です。

個人の場合は収益物件を取得したその日に評価減が発生し、節税が実現できましたが、法人の場合は、より計画的な節税対策が必要です。

Q5

余命3カ月で物件を買っても相続税対策になる？

相続税対策を先延ばしにしているうちに、父が入院して余命宣告を受けてしまいました。今から相続税対策の物件を買っても、間に合うでしょうか？　また、どんな物件を購入したらいいのかも教えてください。

A 個人でかつ本人の意思で取得すれば相続税対策になる

◆**本人の意思が大切**

個人で物件を取得すれば、取得した時点で相続財産は物件の相続税評価で評価されるため、たとえ相続発生の直前に購入したとしても評価減を図ることはできます。余命3カ月でも、極論をいえば亡くなる前日にでも、取得したその日に相続税対策が可能になるということです。もちろん、取得と契約だけではなく、登記まで終わっていたほうが望ましいので一定期間は必要になります。

なお、法人で取得した場合は不動産価格が相続税評価額で評価されるためには、取得後3年間が経過していることが必要になります（3年以内は、取得価格で評価）。そのため、法人での収益物件取得による相続税対策は、長期的に取り組む必要があります。

ただし、**ここで重要なのは、本人の意思によって物件を取得したという事実**です。相続開始直前になんらかの相続税対策がなされた場合、税務調査においては税金逃れを疑われる可能性があります。特に余命宣告を受け入院中の病人であったとなれば、物件の取得が本人の意思によってなされたのか否かが厳しく問われます。本人の判断能力なしで相続税対策商品を購入したとみなされた場合、それは本人ではなく相続人の行為（租税回避行為）だとして否認される可能性があるのです。

◆相続直前に買う場合の物件選びのポイント

単なる土地やマイホーム物件ではなく、収益物件を購入することで、人に貸しているという性質上、相続税が大幅に評価減されますので、資産の評価が大きく下がることは先述の通りです。

しかし、この物件に「長期の空室」（オーナーさんが使用していたなど）があった場合などは、その空室の部分は実際には人に貸されていないので、その部分については貸家建付地としての評価減が受けられません。特に相続直前に収益物件を購入する場合は、全室通常の賃貸借契約で、かつ、満室である物件を選択すべきです。

なお、収益物件を購入して運営中に空室が出て、そのタイミングで相続が発生した場合でも、きちんとリフォームや募集活動を行っていれば「一時的な空室」として認められますので問題はありません。

国税庁の通達によれば、

「継続的に賃貸されてきたもので、課税時期において、一時的に賃貸されていなかったと認められる」部分（一時的な空室と認められる部分）の範囲として、

1．各独立部分が課税時期前に継続的に賃貸されてきたものか

2．賃借人の退去後速やかに新たな賃借人の募集が行われたか

3．空室の期間、他の用途に供されていないか

4．空室の期間が課税時期の前後のたとえば1ケ月程度であるなど一時的な期間であったか

5．課税時期後の賃貸が一時的なものではないかどうか

などの事実関係から総合的に判断するとなっています。

本人の意思で購入することが条件

○契約
○決済　　完了すること
○登記

↓

一度取得したら4年以上保有する

◆取得した物件はすぐに売ってはいけない

相続税対策として取得するタイミングについて話をしましたが、逆にいつまで持てばよいでしょうか？　相続税対策なのですぐに売却してしまってもよいのでしょうか？

これに対しては明確な規定はありませんが、相続発生後すぐに売却し換金するというのは、相続税を意図的に逃れるための租税回避行為とみなされ、税務調査があれば指摘され、否認されてしまいます。実際の事例においても相続発生後すぐに売却し、税務調査で指摘され否認されているケースもあります。

ですので、**相続対策として取得するものの、一定期間は保有する必要があります。**一定期間とは申告までの10カ月プラス一般的な税務調査期間3年を加味し、おおよそ4年以上は最低保有するべきです。

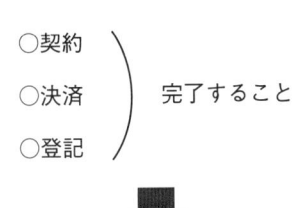

Q6

相続税対策タワーマンションと収益物件どちらがよい？

相続税対策に、タワーマンションを購入すると節税できると聞きましたが、どのようなスキームなのでしょうか。

また、他の収益物件と比較した場合、相続税の節税効果はどちらが高いのでしょうか？

A　個人で相続直前ならタワーマンション、法人での取得や相続まで時間がある場合は、通常の収益物件

◆タワーマンションの最上階を用いた節税方法

タワーマンションを使った節税も有効な手段として注目されています。不動産の財産評価は時価ではなく、固定資産税等の評価によります。このギャップを利用することで節税が図れるという点はまったく同じです。

そのギャップが大きければ大きいほど節税効果が高いのですが、タワーマンションの最上階を利用すると非常に大きなギャップが取れます。昨今は、都心部を中心にタワーマンションが林立しています。タワーマンションの特徴は、高層階ほど市場価格が高い点です。市場価格が最も高いのは、当然ながら最上階です。同じ間取り、同じ面積でも低層階と高層階では市場価格に3倍も4倍も違うケースもあるくらいです。

一方、固定資産税等の評価は、階数に関係なく施工単価×面積で算出されています（ただし、国税庁は階数によって評価を変えることを検討中との報道がなされています）。つ

まり、1階でも50階でも同じ評価なのです。

このギャップを利用して、時価の高いタワーマンションの最上階を取得することで財産の評価を下げることは有効な手法の一つです。

ただし、収益物件と異なり、タワーマンションは借り入れを利用して取得しても返済原資が確保されないという点に注意が必要です。もちろん貸せば賃料が入ってきてさらに評価も下がるのですが、利回りは通常のアパートなどの収益物件に比べて低くなるのが一般的です。加えて、タワーマンションは管理費や修繕積立金が高額であることが多いので、その点でも注意が必要になります。

◆一般の収益物件とどちらがよいか

相続税対策としてタワーマンションを購入する場合、いつ相続が発生するか、また取得主体が個人か法人かによっても節税効果は大きく変わります。

個人で、すぐに相続が発生しそうな場合であれば、オーナーチェンジでタワーマンションを購入することで資産の評価額を下げて大きな節税メリットを得ることが可能です。極

効果はタワマンが大きいが返済原資と規制に注意必要

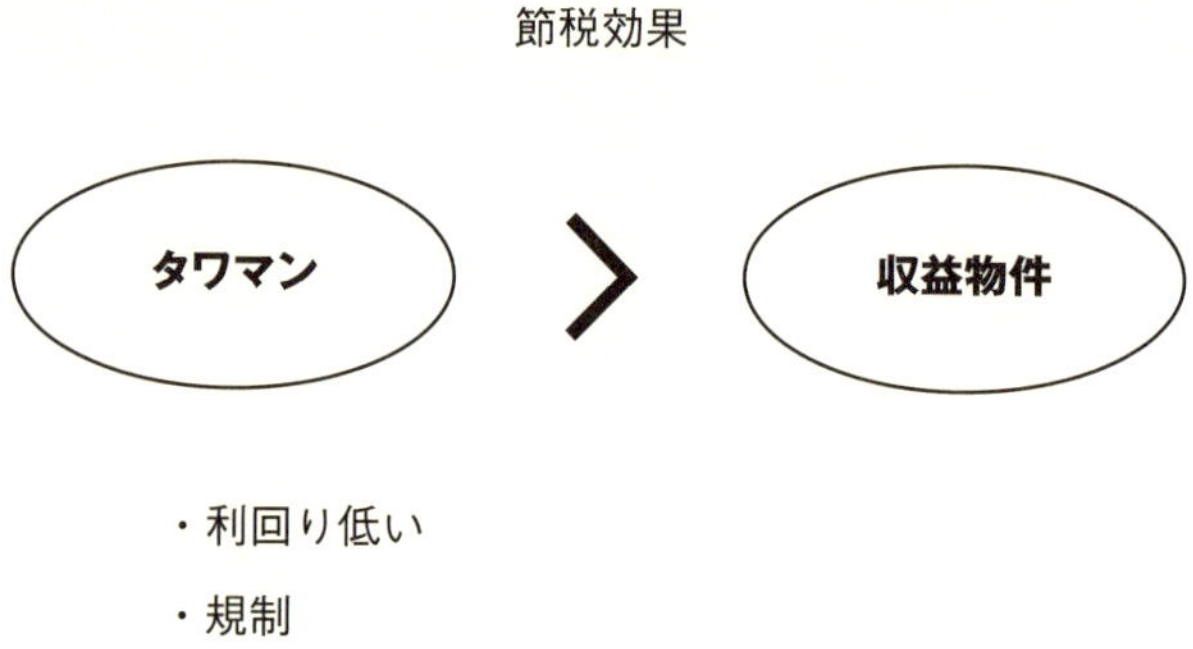

端なケースでは8割以上の評価減になるということもあり得ます。

法人で取得する場合は、取得後3年を経過しなければ取得時価での評価となることは前述の通りです。

法人で取得するケースや、相続が発生するまでの期間が長い、あるいはいつ相続が発生するか不明な場合は、タワーマンションではなく築古木造の収益物件を購入してインカムゲインを得ながら減価償却で利益を圧縮したほうが得策です。

なぜなら、タワーマンションはまだ新しいものが多く、減価償却期間が長いうえに利回りが低く、修繕積立金や管理費などの固定コストも高いことが多いため、長期保有するには適さな

タワマンの高層階を買うことで時価と評価のギャップをとる

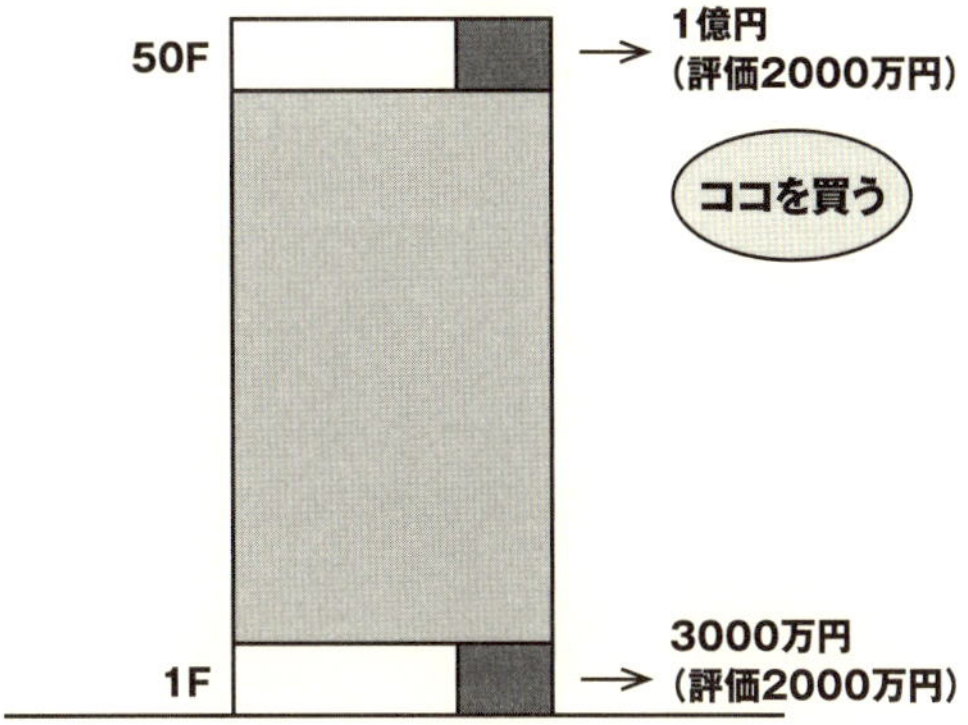

いからです。また、長期保有してしまうと、いざ相続が終わって売ろうとする頃にはタワーマンションの価格が大幅に下がっている可能性も考えられます。

また、タワーマンションを使った節税については、昨今話題になりすぎた面もあり、今後は国税庁が監視を強化することが予想されます。これまで通りの手法が有効でなくなる可能性も十分に考えられるので、実行する前には十分な情報収集が欠かせないでしょう。

Q7

経費計上できるものと、できないものの違いは？

アパート事業には様々な支出が伴います。できれば経費を多くして所得を圧縮し、節税したいと考えています。

支出のうち、経費計上できるものと、できないものの違いは何でしょうか？

A　「純粋に収益物件活用のために支払った支出」のみが必要経費になり、私的な支出は必要経費にならない

◆必要経費になるもの、ならないもの

所得税の納税額は、所得額で決まります。所得額とは、収入からすべての経費を引いたものなので、当然経費化できるものが多いほど所得を減らすことができ、納税額も減らすことができます。これは法人も個人も共通の考え方です。

収入－必要経費＝所得

必要経費になる支出とは、「収益物件から収益である賃料等を得るために支払った支出」です。支出のなかでも、必要経費にできるものとできないものがあります。

それぞれケースバイケースなのですが、単純化すると経費になる支出とは「純粋に収益物件活用のために支払った支出」であり、経費にならない支出とは、私的な活動（家族や

友人との活動）に伴う支出と判断されるものです。以下に、経費と認められるもの（○）と認められないもの（×）をまとめました。

税金…収益不動産の取得や事業に関わる税金は必要経費

○　印紙税、登録免許税、不動産取得税、固定資産税、都市計画税、個人事業税、利子税、法人事業税、自動車税

×　所得税、住民税、法人税、法人住民税、延滞税、加算税

アパートローン…支払い利息部分のみが経費

○　支払い利息

×　元本返済部分

入居付けのための費用…全額経費

○　仲介手数料、広告料、管理費、エレベータ保守、消防点検など

○　店子への家具家電、商品券などのプレゼント（交際費）

不動産の勉強のための費用

○　新聞、不動産関連書籍、不動産セミナー参加費（研修費）、コンサルタント料

× 資格取得のためのセミナー（宅建、インテリアコーディネーターなどでもNG）
不動産に関連するものでも、個人の資質を高める資格取得への支出は必要経費にはならない

旅費交通費

○ 電車代、バス代、ガソリン代、宿泊費、高速代、駐車場代など
所有物件の確認や新規購入の現地確認のための移動費、セミナーへの移動費なども必要経費になる。領収書の出ない公共交通機関では、明細が分かる「旅費精算所」を作成する

旅費

○ 従業員が50％以上参加している慰安旅行（福利厚生費）
× 家族だけの慰安旅行（家族が従業員になっていても不可）

自動車関連費用

○ ガソリン代から自動車税、保険料などの法定費用、車両代（社用車の場合）など幅広く必要経費として認められる
× 交通違反の罰則金（ただし、業務中に生じたレッカー移動代やレッカー後の保管代

金は必要経費になる）

交際費

〇　管理会社の担当者、不動産屋の担当者、従業員との飲食

×　個人や家族、友人との飲食

個人の支出と混同しないよう、領収書に相手と日付を書いておくとなお可

法人の交際費は会社の資本金額に応じて次のように決められている

資本金1億円超…接待交際費のうち飲食費（接待飲食費）の50％を経費計上できる

資本金1億円以下（次のどちらかを選択）

1．接待交際費の上限を８００万円として経費計上できる

2．接待交際費のうち飲食費（接待飲食費）の50％を経費として計上できる

自宅やマイカー関連費用

個人事業として自宅と事務所が兼用であったり、マイカーを不動産賃貸業でも使用したりしている場合

△　家賃、電気、ガス、水道、インターネット、電話（事業用は10～20％として経費化可能）

収益物件の活用のために使うものは認められる

個人的に使うもの	収益物件の活用に使うもの
×	○
飲食費	飲食費
交通費	交通費
……	……

○　マイカーでの移動の際の駐車場代、高速代など

△　マイカーでの移動のガソリン代（明確に按分するのが難しいため、事業用は10〜20%として経費化可能）

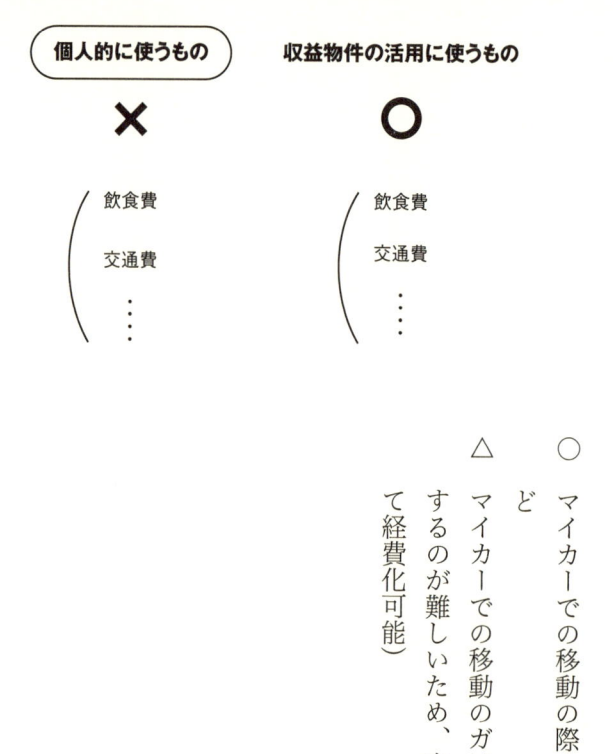

Q8

資産管理法人を新たに作るメリットは？

所有している物件が増えてきたのですが、個人で購入しているため、所得税が最高税率になってしまいました。

税金の負担感を考えると、そろそろ資産管理法人を作ろうかと考えています、資産管理法人を新たに作るメリットは何でしょうか？

A　税率差による節税、経費枠の拡大、所得の分散などメリットは多数

◆資産管理会社（法人）を設立するメリット

収益物件を取得する際の仕組み構築において、重要な役割を果たすのが資産管理会社です。資産管理会社を設立し、その会社を利用することで、収益物件活用の展開をよりスムーズに行うことができます。

資産管理会社を利用するメリットは大きく分けて4つあります。

① **税率**……個人の所得が高額な人は、法人で物件を所有することで、個人と法人の税率の差の分、節税ができます。現在の我が国においては、個人の所得税は増税の方向であるのに対し、法人税は減税の方向に動いています。

② また、個人で物件を所有している場合でも、サブリースや管理委託で利益の一部を法人に移転することで、所得税を圧縮することが可能です。

③ **経費枠の拡大**……一般的に個人よりも法人のほうが経費として認められる幅が大き

税率の違いを使った節税

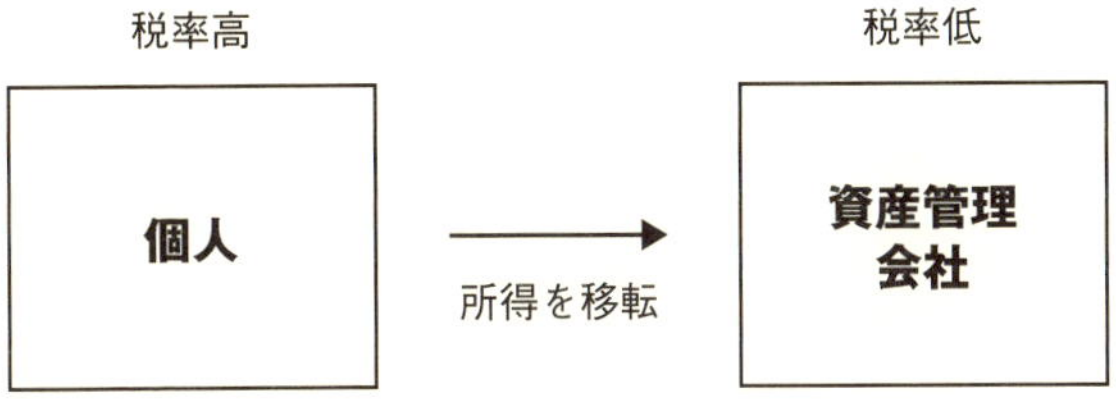

くなります。

④ **所得の分散**……法人化し、家族を社長や役員にして役員報酬を支払うことで、支払う給与は必要経費として計上できるうえ、受け取るほうも給与所得控除が使えるので家族内で所得の分配を行いながら節税することが可能になります。

これらのメリットがある一方で、資産管理会社を設立・運用するにあたっては、デメリットもあります。

まず、設立に費用がかかります。株式会社を設立する場合にかかる費用は、20万～30万円程度です。また、運用においてもランニングコストがかかります。具体的には、税理士への報酬（決算費用）が個人の確定申告よりも複雑になるため年間30万～50万円以上、赤字の場合でもかかってくる均等割といわれる法人地方税が最低年7万円です。そのコスト以上の節税効果が発揮できる場合にのみ、法人化は有効な手段となります。**一定規模（数千万円）以上の賃料収入がある場合に法人にするメリットがある**と考えてよいでしょう。

◆資産管理会社の利用形態

収益物件活用における資産管理会社には、三つの利用形態があります。それぞれのメリット・デメリットを理解し、自分に合った方法で、法人を設立・運営しましょう。基本的には取り組みの難易度と節税効果は比例します。

①　設立した法人を使って物件を取得する（アパートの名義は法人）

この方法はとてもシンプルです。設立した資産管理会社名義で金融機関からお金を借りて、アパートを購入・経営していきます。

報酬は役員報酬というかたちで、本人、もしくは配偶者の、本業の所得の少ないほうが取得するか、会社の利益（内部留保）としてそのままプールしていく方法です。

この方法のメリットは、①〜③のなかで節税効果が最も高いことです。個人所得がかなりの額に達していて、その税率が法人税よりも高い場合に効果を発揮します。

デメリットは、金融機関のなかには法人名義への融資を認めない（個人のみ認める）金融機関もあるため、取り組みの難易度が高い点です。

② 設立した法人にサブリースを行う（アパートの名義は個人）

個人が取得したアパートを設立した資産管理会社に一括貸しをし、その賃貸料を個人が受け取るという方式です。金融機関で法人での不動産取得を認めてもらえず、やむを得ず個人で取得した場合やすでに個人で物件を取得している場合に取るスキームです。①よりも手軽に行えるメリットがあります。個人で取得する利益の一部を法人に移転させ、税金の額を圧縮するのが目的です。

入居者からの賃料は、一度管理法人に入ります。そこから再び賃借料として個人に払われるので「サブリース方式」と呼ばれています。

この方法では、どの程度のサブリース料を得られるかがポイントになります。一般的に、その割合は20％前後といわれています。なお、相場よりも明らかに安い金額で一括貸しをしている場合は、不当に同族会社への利益を移転したものとして税務署に否認される恐れがあるので注意が必要です。

③ 設立した法人を管理会社として機能させる（アパートの名義は個人）

設立した法人にアパートの管理を委託する形式です。管理の委託というかたちのため、②よりもさらに簡単に取り組めるメリットがあります。

この方式もサブリース方式と同様、利益の一部を個人から法人へ移転するのが目的です。しかし、この場合には、設立した会社がきちんと管理業務を行っていることが条件となります。形式だけの場合は、税務署から否認される可能性があります。

具体的には、入居者からの家賃集金業務や掃除などの業務をその法人に委託し、実際に行う必要があります。また、管理料として認められるのはせいぜい賃料収入の10％程度までとなるので、税効果は①～③のなかでは最も低くなります。

資産管理法人の3つの利用形態

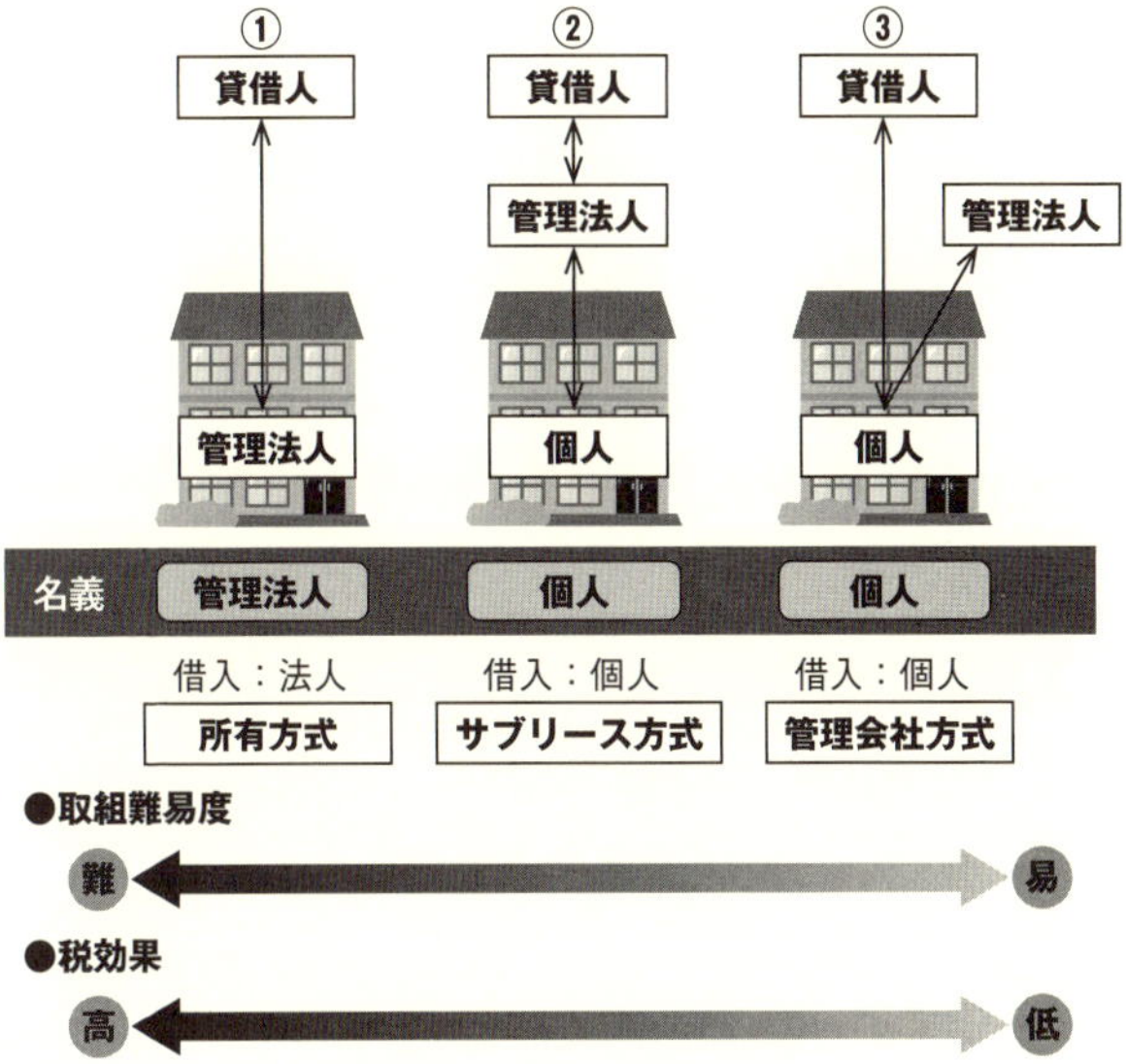

参考：税理士・飯塚美幸氏講演資料

Q9

誰の名義で取得するのがベスト？（法人、個人、配偶者、子どもなど）

収益物件を活用して資産形成を考える場合、取引主体の選択が重要になると思います。節税の面から見ると法人で取得したほうがメリットは多そうですが、法人を作って維持するのにもコストがかかります。法人と個人、どちらの名義で所有するほうが有利なのでしょうか？

A　何を目的に収益物件を取得するかによって、最適な取引主体（名義人）を選択する

◆タックスマネジメントと経営安定化を目的とするなら法人で取得する

物件を法人で取得するか個人で取得するかは、その目的によって判断します。

タックスマネジメントと会社の経営の安定化を目的とする場合は、本業の法人で取得します。

会社経営には、どうしても業績の波があるものです。利益が大きく出ることもあれば、赤字になることもあります。突発的に単年度で大きな利益が出るのであれば、法人で収益物件を取得して減価償却を大きく取ることによって、利益を圧縮し、税を繰り延べていくことが可能です。最終的には、物件売却時の利益に対して課税されることになりますが、法人にとって年度ごとに手元に残るキャッシュは、事業運営上、非常に価値の高いものなので、減価償却による節税は非常に有効な手段です。

また、売却のタイミングを自分で決められることも、収益物件の強みです。大きく収益

が落ち込み赤字が出る年があれば、その年に物件を売却し、売却益を本業の赤字にぶつけることで相殺し、赤字幅を減らすことはもちろん、売却益にかかる税負担を軽くして経営の危機を救う役割も果たします。

このように、**収益物件の減価償却を活用することによって、税金をコントロールし、節税しながら本業の会社の経営の安定度を高めることができる**のです。

◆個人で取得して所得税の節税を狙う

個人で収益物件を取得する場合の目的は、減価償却を利用した所得税の節税と売却時の税率ギャップを利用した益出しになります。

個人の場合、収益物件からの賃料収入は、他の所得と通算されたうえで課税される総合課税になります。最高税率の55％（地方税含む）で考えた場合、仮に収益物件の減価償却で500万円の赤字が出れば、節税効果はその55％である約275万円です（厳密な計算によって数字は若干変わります）。

一方、収益物件の売却時の税率は、分離課税になります。また、収益物件を5年超所有

収益物件の取得主体

収益物件の活用方法		取得主体
副収入		税率の低い主体（家族や資産管理会社）
貯蓄		税率の低い主体（家族や資産管理会社）
フローの節税	役員報酬の節税	個人（本人）
	会社の節税	対象法人
ストックの節税	相続税の節税	個人（本人）
	株価引き下げ	対象法人
生命保険		個人（本人）

したのちに売却する長期譲渡においては、税率が20％（短期譲渡の場合は税率約40％）となります。つまり、保有時の税率55％と比較して、35％ものギャップが生まれます。

毎年の利益に対して55％の税率で節税を続け、売却時の利益には55％ではなく20％の税率しかかからない。この税率のギャップを活用することで、税の繰り延べだけではなく、文字通りの節税（減税）が実現し、利益の最大化が可能になります。

◆長期や複数で取得する場合は、収入の低い家族名義や資産管理会社を使う

目的によっては、家族名義での取得も考えられます。

売却を考えずに長期で賃料収入を得る目的で物件を取得する場合は、自分より収入の低い家族（たとえば妻など）の名義で物件を取得するほうがよいでしょう。高収入の人が収益物件を取得した場合は、総合課税のため、全体の税率が高くなってしまうからです。

もしくは、資産管理会社を設立し、法人名義で取得するという方法もあります。法人税は今後引き下げの傾向にありますので、収益物件からの利益に対する課税を低く抑えることができます。また、家族に従業員としての給与を払い、その人件費を経費として計上することもできますし、業務上の経費と認められる範囲も大きくなります。

複数の収益物件を保有する場合は、目的に応じて法人と個人などに名義を分散してもよいでしょう。物件1号、2号は節税用で3号は長期の副収入狙いなど、複数の目的を組み合わせ、目的に応じて名義も分けるのです。いずれにせよ、**収益物件の活用を考える際は、何が目的なのかを明確にしたうえで方針を決めることが重要**です。

Q10

税務調査の連絡がきたらどうする？

税務調査が入るとの連絡がきました。経理については すべて税理士に任せていますので、どう準備をすればいいのか分かりません。また、調査が入ると必ず追徴課税されるという話も聞きますが、プロが正当に経理処理した決算でも、そんなに間違いがあるのでしょうか？

A 申請書類を再確認して必要に応じて税務調査に強い税理士に同席してもらう

◆税務調査は毎年法人の6％に実施されている

税務調査とは、自らが申告した内容が正しいかどうかを、税務署が調査することです。税務調査が入る際には、基本的には事前通知があります。税務調査は、毎年法人のうちの6％程度に実施されています。

つまり、全体で見ると10年に1回くるかどうかという確率です。また、個人については100人に1人の割合で来るといわれています。ただし、これは会社の規模や内容、売上によって様々で、5年に1回入る会社もあれば、3年に1回入る会社もあります。新設法人で比較的多くの利益が出ている会社は、設立3年目に税務調査が入るケースが多いという説もあります。

いずれにせよ、いつかは調査が入るという認識で、正しい会計処理を心掛けるほかありません。また、昨今は不動産所得者への調査を強化する方針で調査対象が広がっています。

これは、国全体としての税収不足という問題と今まで不動産所得者への調査がほとんど行われていなかったということを背景にしています。

調査を受けた会社の約7割が、誤りを指摘されるといわれています。しかし、脱税等の不正をしていなければまったく怖がる必要はありません。自分で対応するのに不安があるときは税理士に同席してもらい、税務署に対してきちんと説明をしてもらいましょう。

また、税理士でも不動産に詳しくない税理士や税務調査を経験したことのない税理士では心もとないものです。**必要であれば不動産に精通し税務調査に強い税理士に同席をしてもらう**ことをおすすめいたします。

◆税務調査のチェックポイント

短時間の調査で1年分（場合によっては過去3年分）の会計資料をチェックするわけですから、調査官もポイントを絞って見てきます。調査が入る連絡を受けたら、自分でも確認しておきましょう。また、一応顧問税理士に相談し、**今までの確定申告の内容および決算の内容に問題ないか再度確認する必要があります。**

1、売上の計上時期

売上の計上時期が間違っている、もしくは、操作されていないか確認されます。特にその期の決算で計上するべき売上が漏れていないかどうかは、重点的に見られるポイントです。

2、交際費

交際費が収益物件の活用と関係なく使われていないかは必ずチェックされます。収益物件の活用と関係のない経費についてのチェックが昨今厳しくなっていますので注意が必要です。税務署の認識では不動産所得者に交際費はあまり必要ないという認識なので、かかった費用についてはきちんと説明できる準備が必要です。

3、契約書類関係の整備

収益物件の活用においては、売買契約書、賃貸借契約書、管理委託契約書等諸々の契約書をチェックされます。必ず用意しておきましょう。たとえば、減価償却のもとになる土地と建物の価格割合については必ずチェックされるのできちんと説明できるようにしておくべきです。

4、売上の計上漏れ

売上の計上漏れは、その後のお金の流れも含めてチェックします。

収益物件で多いのは滞納です。滞納は売上に計上する必要がありますが、これが漏れているケースが多いので注意が必要です。

5、人件費

身内の雇用についてチェックされます。勤務実態がない場合は、雇用関係を否認される場合もあります。

◆税務調査への対策

税務調査はきちんと準備が必要です。

私が経験したケースでは、税理士が耐用年数を間違っていて9年で償却するべきところを3年で償却し申告していたために、そのミスを発見され、過少申告加算金（約10％）を徴収されてしまったケースがあります。このケースでは、通知が来た時点で再確認し誤りに気付けば、修正申告をすれば加算金が取られなかったのでもったいないケースです。ちなみにこの税理士は減価償却の計算方法も分かっていなかったようで改めて税理士の選定は重要になってくると考えさせられた一件です。

税務調査において、調査官の勝手な解釈で恣意的に追徴したりすることはできません。調査官が決算内容の誤りを指摘してきた場合は、どの法律に規定があるのか、どんな解釈で誤りだと言っているのかが極めて重要になります。そして、何より大切なのは、相手の主張に抗弁するには、それを証明する「証拠」が必要だということです。

日ごろからこまめに、疑われそうな領収書にはその内容をメモ書きしたり、日誌をつけておくなどして証拠の保存を心掛けておくことが非常に大切です。特に収益物件の活用と関係ないと思われがちな、交際費、旅費交通費、福利厚生費などについては、注意が必要です。

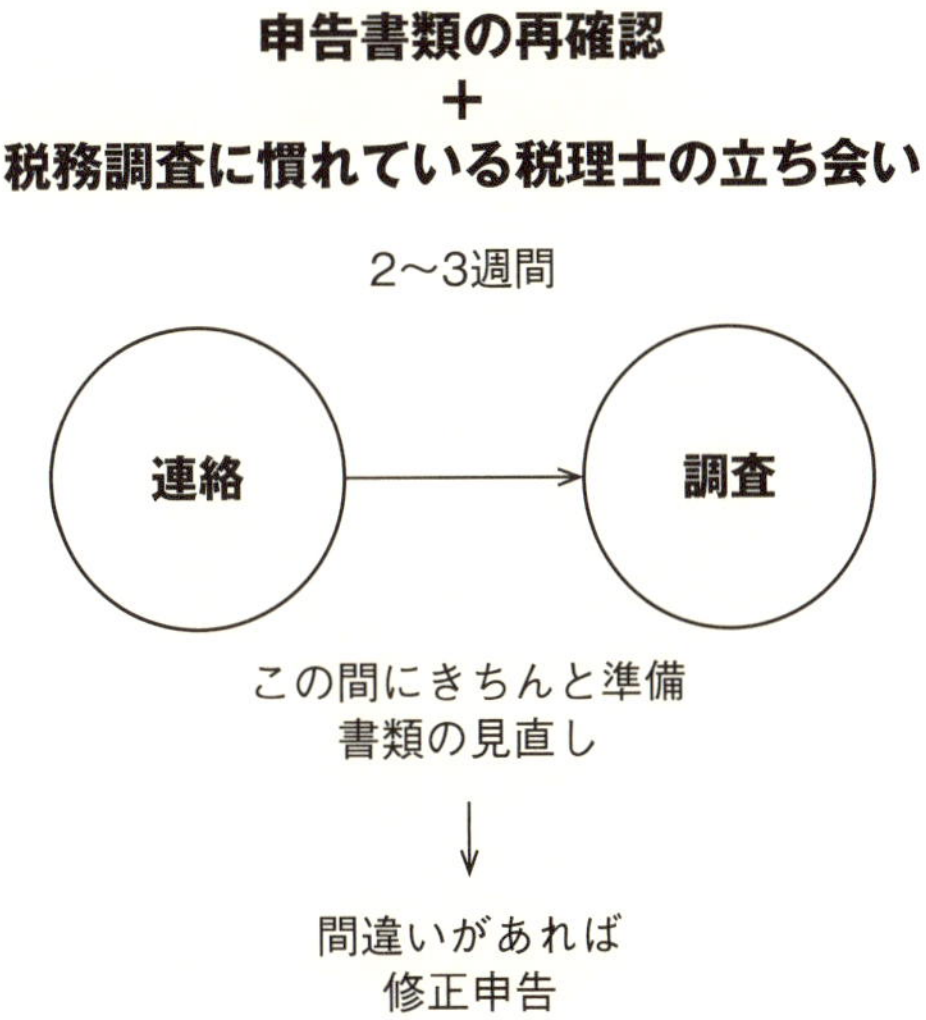

- 誰と、何の目的で使ったのか（相手の名前や人数、内容を記録しておく）
- 私的活動との按分（車のガソリン代、旅行などは写真や領収書を残し、活動内容を記録しておく）

調査官も、確実な証拠を提示されれば否認できないのできちんと書類を整えておくということは大切です。

コラム

「修繕費」と「資本的支出」の違いは？

私の会社で管理する物件は、一部を除いて築20年以上の古い物件が中心です。管理に困って委託されるケースが多いので必然的に新しい物件が少なくなるという傾向にあります。物件が古いということは、当然、修繕や改修工事が必要になります。

こうしたなかで、多くのオーナーさんから、「修繕費」か「資本的支出」かの判断に迷うという相談を受けます。そのような場合、どのような判断で区別すればよいのでしょうか。

簡単にいえば、原状に復する修繕であれば「修繕費」です。分かりやすく言えば、壊れたところを元に戻すということです。これは一括で費用計上ができます。

一方、資産価値が上昇する工事の場合は「資本的支出」となり、減価償却資産となります。壊れたところを直すだけではなくて、今まで以上の価値を付ける工事といえます。

■修繕費（一括費用計上となる）具体例

- 塗装グレードの変わらない定期的な外壁塗装
- 退去時に以前と同グレードの壁紙へ張り替え
- ガス給湯器の入れ替え

■資本的支出（減価償却となる）具体例

- モルタル塗装をタイル張りへ変更
- グレードの高い壁紙へ張り替え
- 給湯器を追い焚き付きオートバスに変更

分かりやすくするため、「修繕費」「資本的支出」のどちらに当たるかを判断していただくためのフローチャートをP319に掲載しておきます。

最も多い質問として、大きな金額のかかる塗装工事がありますが、一括での経費計上は果たして可能でしょうか？

答えは、一括で経費計上が可能です。ただし、あくまでも原状回復の範囲内の塗装工事に限るという前提はあります。

国税不服審判所裁決の「鉄筋コンクリート造り店舗共同住宅の外壁等の補修工事に要した金員は修繕費に当たるとした事例」（平成元年10月6日採決／裁決事例集節38－46頁）にもありますが、フッ素・光触媒など特別上質な材料を用いたものでなければ「修繕費」となり、一括で経費計上することが認められます。その他、コンクリートが爆裂した部分にシリコン等を注入する場合も、建物すべてにわたらない限り「修繕費」となります。

ただし、年収・不動産収入が高額になる人は、あえて一括で経費計上しないほうが税制面で有利となる場合もあります。このあたりは税理士の先生に相談してみてください。

この他に、「修繕費」か「資本的支出」かが分からない場合、「物件取得価額のおおむね10％以内なら修繕費」という目安もあるので、こちらの基準をクリアしていればさらに確実性は増します。

いずれにしても修繕費と資本的支出については個別の判断になりますので、きちんと不動産を分かる税理士に相談するのがポイントです。税理士によってここの判断は大きく分かれますし、分からない税理士は保守的なアドバイスしかできません。

あくまでも利益を最大化するという視点に立った工事および経理処理をする必要があるため収益物件の活用における税理士選びは非常に大切です。

修繕費と資本的支出のフローチャート

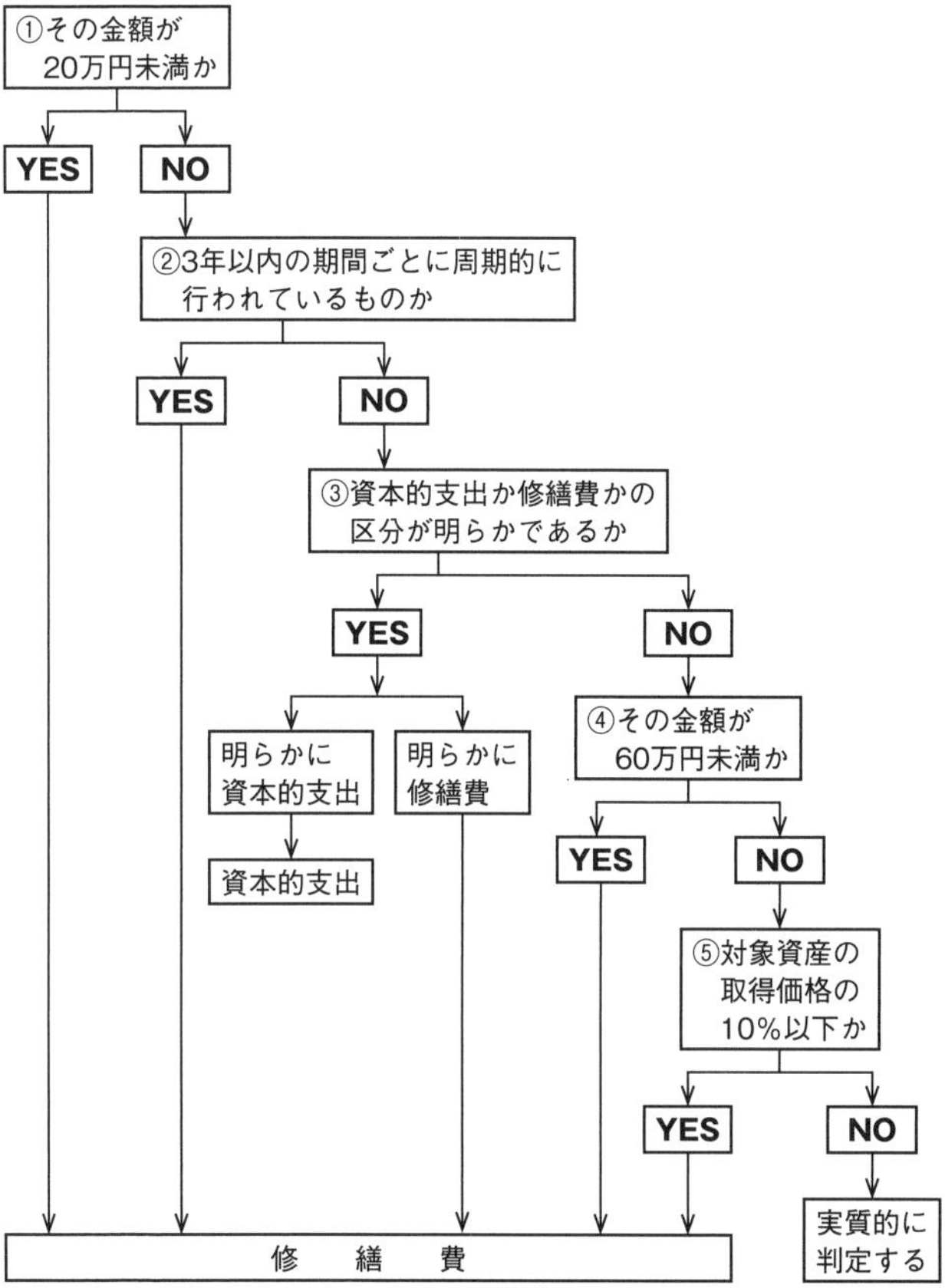

（出典）鵜野和夫『【Q&A　大家さんの税金】アパート・マンション経営の税金対策―不動産所得の税務計算から確定申告・相続・譲渡まで』

第5章

物件の最適な
売り時と売り方を
見極める
出口戦略編Q＆A

Q1

地方の物件は売れる？

地方の物件は東京や首都圏に比べて高利回りですが、実際に購入した場合に運営がスムーズにできるのか、不安があります。また、地方では買える人が限られてしまうので、売却するときにスムーズに売れるかどうかも心配です。

A 好景気時には売れるが不景気時は厳しい

◆利回りで注目される地方物件

近年、都心部では収益物件の価格が上昇傾向にあり、利回りは大幅に低下しています。平成27年以降はその動きが一段と加速し、収益物件全体の表面利回りは、東京都心部では平均で5％台という水準にまで下落してしまいました。そのため、高利回りの物件を求めて地方都市に目を向ける人も増えているようです。

地方都市の物件も利回りは低下傾向にありますが、東京都心部と比べれば高利回りを維持しており、なかには表面利回りが10％、地方の小規模都市にいたってはまだ20％近くというような物件もあります。

ただし、地方の物件は高利回りである半面、空室のリスクが高くなる（入居率が低い）ことに留意しなければなりません。投資にあたっては、利回り、流動性、そして入居率（空室率）を見極めることが重要です。

収益物件の表面利回り推移

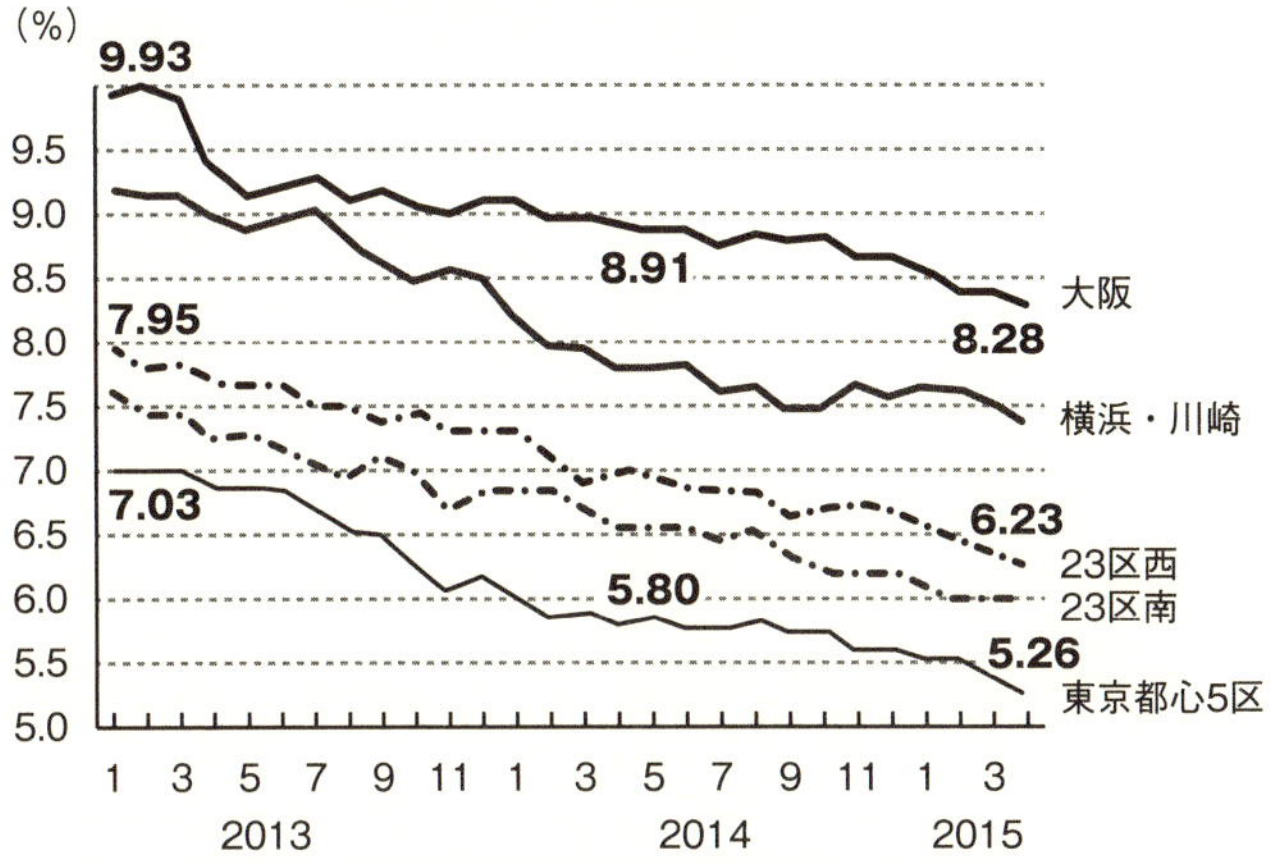

（出典）ノムコム・プロ掲載物件の満室時想定利回りの平均値データを基に作成

◆地方物件は好景気時が売りのチャンス

収益物件の活用は、先述の通り、基本的には首都圏、地方であれば人口100万人以上（最低でも50万人以上）の大都市圏で行うべきです。なぜなら地方都市の物件は流動性が都心部の物件と比べて大きく落ちるためです。

そのなかでも不景気時は価格の問題ではなく流通しないケースもあります。特に数年前のリーマンショック後や東日本大震災といった超不景気のときは地方物件の流動性は極端に低くなりました。特に3億円以上の高額の物件の動きは極端に鈍くなります。

一方で現在のような好況時は都心部の物件がなく地方に手を伸ばしていきますので、物件の流動性が高まる時期といえます。

たとえば当社の営業エリアである宇都宮市はすでに都心部から買い手が続々と来ていますが、宇都宮市でも物件がなく小山市や佐野市といった地方小規模都市にまで投資家は物件を求めて動いている状況です。

好景気時には物件購入者が増えるのと金融機関からの融資が出やすくなります。

つまり、地方物件は好景気時ではないとそもそも売れないという側面があるということです。もちろん物件の規模等個別の要素は強いのですが、都心部の物件と比べて流動性の問題が大きく影響されます。

地方物件を売るのであれば（もちろん都心部の物件も同じですが）、好景気時に限ります。

◆地方物件の売り方

地方物件を売る場合は、地元の投資家と東京の投資家両方にターゲットを絞って売る活動を行うことがポイントです。絶対数でいえば東京の投資家をターゲットにするほうが圧

地方物件は好況期に売る

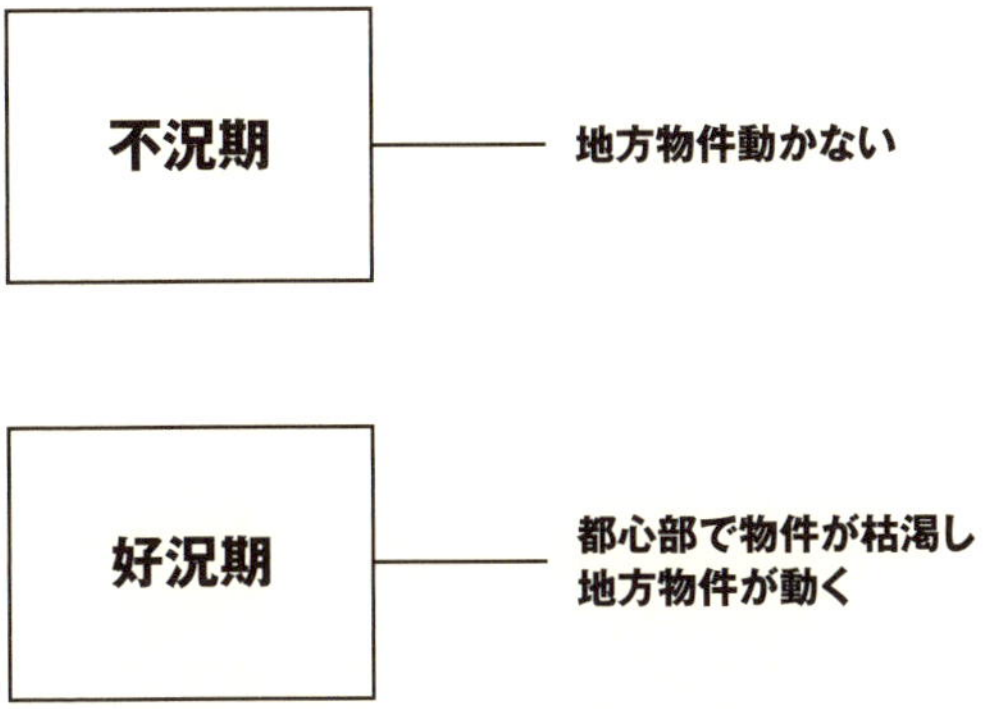

倒的に数は大きくなります。当社のデータベースに登録している投資家層もほぼ東京（首都圏）在住です。

ただし、物件によっては東京の投資家がまったく見向きもしないケースもあります。

先日取引した郡山の物件では震災の影響もあり東京の投資家には売れないまま時間が過ぎていました。そこで当社と取引のある地元福島の金融機関に物件を紹介して買い手を探してもらう依頼をしたところ、地元の会社経営者をご紹介いただき取引になりました。地元の方にはよく知られているなじみの場所だったのが決め手になり、また融資もセットで紹介していただいたのでスムーズに取引を行うことができました。

ポイントは東京の投資家だけではなく、地元の投資家に対しても物件の販売活動をするという点です。そのためには、地元の金融機関（地方銀行や信用金庫）が最も情報をもっていますので、その金融機関に直接アプローチしてもよいのですが、その金融機関に強いネットワークを持つ不動産会社を通じて販売を行うのが最も合理的といえます。金融機関は不動産の取引そのものには関わらないためです。

Q2

木造の築古物件はどうすればスムーズに売却できる?

耐用年数を超えているような築古の木造物件の場合、減価償却を取った後にスムーズに売却できるのでしょうか?

築23年の物件も4年後には築27年です。銀行の融資もさらに付きにくくなるでしょうし、古すぎて次に買う人がいるのか心配です。

A　減価償却を目的とした高所得者層の需要を狙えば売れる

◆築古木造物件は売れるのか？

本書では効率的に減価償却が取れる築年数の古い築古木造物件をおすすめしていますが、出口戦略を考えた場合、売りたいときに売れるのか？　という質問がよくあります。物件が古く法定耐用年数をオーバーしているような場合、金融機関の評価が出ないので買主に融資がつかないのではないか、だから売れないのではないかという疑問です。

売れるか売れないかという点からいえば、結論としては売れます。

もちろん物件にもよりますし、RC造の新しい物件に比べれば融資を受けにくいことも事実なので、買える人の絶対数は少なくなるでしょう。

しかし、高所得者のなかには節税のために4年で償却できる古い物件を求めている人も大勢います。もっと言えば、**4年で償却できる耐用年数切れの木造物件を求めている投資家は意外と多い**のです。

**木造の築古物件は4年で償却できるため
高所得者層の需要あり**

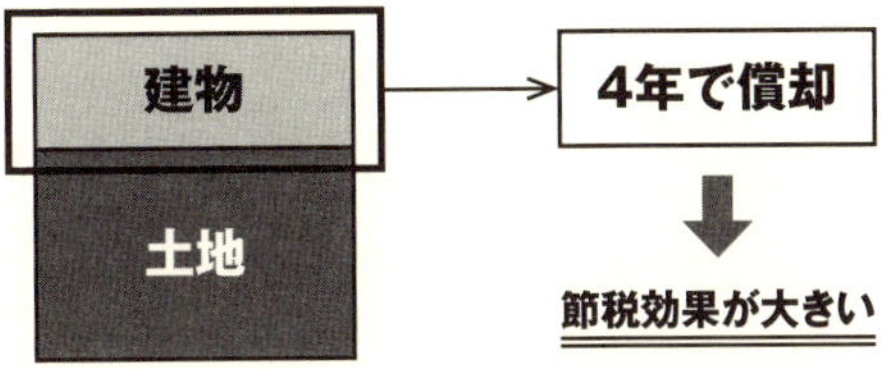

さらに、基本的に日本の金融機関は物件よりは属性（経営している会社の状況や資産背景など本人の信用）に重きを置いて融資をしているので、良い属性の人であれば物件が何であれ借り入れができるのです。

特に高所得者は会社経営者が多くなります。先述の通り、会社経営者はオーダーメイド型の融資を受けられますので物件よりは属性に応じて借り入れが可能なのです。このような耐用年数切れの物件を高所得者がオーダーメイド型の融資を使って取得するケースが多いのが実情です。

つまり、絶対数は多くないものの借り入れができる人はいますし、なかには現金で取得する人もいるくらいです。

◆売りやすい築古物件、売りにくい築古物件とは？

ただし、同じ築古の木造物件でも、物件によって売りやすい・売りにくいという問題はあります。古くても買主にとって魅力のある物件というのは、資産価値がある物件（つまり立地が良く土地値のある物件）、きちんとメンテナンスされていて入居がされている物件ということになります。

法定耐用年数超えの築古木造物件の場合、建物の評価がほぼゼロなので、土地値に近い価格で売られている物件もあります。土地値は減価しないので、このような物件は価格下落のリスクが非常に少ないといえます。

一方、売買契約における建物価格は銀行の評価額とは別に、売買契約時に売主との交渉で決めることが可能なので、売買価格に占める建物価格の割合を合理的に可能な範囲で多くすることで買い手は効率的に減価償却ができます。先述の通り、建物をリフォームしているかどうかといった実態に即して価格の内訳を決める必要があります。

4年で減価償却が終わった後は、また収益物件として売却してもよいですし、場合によっては建物を壊して更地として売ることも可能です。もちろん更地にするには入居者の追い出し、解体があるので簡単ではありませんが。

　このように立地が良く、土地としての魅力がある物件であれば、節税しながらキャッシュフローを得たうえ、様々な出口戦略が描けます。このような物件は買主にとって非常に魅力があり、売りやすい物件だといえます。

　また価格的には総額で1億円くらいまで（都心部であれば2億円くらいまで）の物件が売りやすいといえます。

　逆に売りにくい物件とは、地方都市の総額が大きい物件です。地方都市であれば1億円を超える築古木造物件は売りにくいといえます。

　たとえば、3棟が同一敷地内に建っている物件で総額が大きくなってしまう物件は売りにくいのが実情です。もし3棟を1棟ずつ売れるようであれば総額が抑えられるので売りやすくなります。逆に言えば、1棟ずつ売れるかどうかを確認して取得する必要があるといえます。

Q3

収益物件はどの程度の期間所有するのがベスト？

収益物件の売却を考える場合、投資効率を最大化させるためには、いつまで所有するのがよいのでしょうか？　個人と法人、それぞれのベストなタイミングを教えてください。

A 個人なら5年超の長期譲渡のタイミングでの売却がベスト

◆個人での活用なら5年超の保有後に売却するのが最も効果的

取引主体が個人の場合は、収益物件の保有期間によって売却益にかかる税率が異なります。短期での売却だと税率が約40％ですが、5年を超える長期になると約20％になります。税率がおよそ半分になるので、個人の所有であれば長期譲渡になるのを待ってから売却するのが節税の面では効率的だといえます。

もちろんその時の相場も関係してきますので、売却価格まで含めての判断になりますが、相場が一定であるとの前提であれば**長期譲渡のタイミングでの売却が最も効果的**となります。

特に高額所得者にとっては、先述した通り、保有中は総合課税で高い税率で減価償却を行い、物件売却時には分離課税のため税率が20％に抑えられるので、非常に節税効果が高くなります。と同時にこの税率のギャップによって利益を最大化することが可能です。

長期譲渡に関して注意すべきなのは、購入した日から満5年間ではなく、保有後6回年を越すこと（1月1日時点で、5年超所有していること）が要件であることです。満5年保有していても、年を越したのが6回未満であれば短期譲渡となります。

◆個人所有の不動産の複数売却で、損益通算し節税

個人の譲渡所得は分離課税ですが、同年に他の不動産物件を売却した損失があれば、その損失の金額を他の物件の譲渡益の金額から控除できます。

つまり、個人で複数の物件を所有している場合は、売却することで利益が出る物件と、損失が出る物件を同年に売ることで、譲渡益の金額から損失分を控除できるため、さらに効果的に節税できるということです。

新築ワンルーム投資などで、明らかに売却損が出る物件を所有している人は、この機会に同時売却で清算するのもよいでしょう。なお、譲渡益以上の損失があって控除しきれなかった場合でも、事業所得や給与所得など他の所得と損益通算することはできません。あくまでも不動産という枠の中での控除だけが認められています。

◆法人所有の場合の適切な売り方とタイミング

法人で収益物件を所有している場合は、所有の目的別に出口戦略が変わってきます。法人の場合は個人と違い、売却益も総合課税になるので、本業や他の物件とのバランスを考えながらの売却となります。

まず、節税を重視する場合ですが、法定耐用年数を超えた木造アパートの場合は、4年を超えて減価償却のうまみが減った物件から売却し、新たな物件を入れ替えで購入していくという戦略が考えられます。そうすることで、減価償却の節税効果を切れ目なく継続させることができ、理論上は課税の先延ばしを延々と続けることができます。もちろん売った物件には売却益が発生しますので、赤字と相殺できるタイミングがベストといえます。

また、法人で複数棟を所有しているケースでは、同一年度内に大規模修繕で赤字が出るA物件の修繕に合わせ、売却益が出るB物件を売り、結果として損益を相殺させるといった手法も活用できます。

さらに、本業の資金繰りで資金が必要になった場合に売却して売却益を得るという方法もあります。

短期譲渡と長期譲渡

分離課税	短期譲渡	税率40%
	長期譲渡	税率20%

※個人所有の場合

いずれにしても収益物件は会社経営に活用することで大きなメリットを享受することが可能となる強力なツールとなります。

Q4

売却を意識した管理のポイントは？

収益物件は、売却によって利益が確定します。この利益を最大化するためには、どのような管理をしていけばよいのでしょうか？　売却までになるべく高く売れる物件に仕上げていくための、管理のポイントを教えてください。

A 売却（ゴール）から逆算した管理を行う

◆売却を意識した管理運営をする

収益物件の活用においては、物件を取得する、管理運営する、売却する（出口戦略）というのが一連の流れになります。その目的は、利益の最大化です。**管理運営は利益を最大化するための手段**にすぎません。そのため、どのように管理をしていけば高く売れるか、もしくはどうすればコストをかけずに売りやすい物件にできるかという視点は不可欠です。

収益物件活用における利益は「(売却金額 − 取得金額) ＋ (収入 − 支出)」となります。これをトータルで考えなければ利益を最大化することはできません。

物件の取得、管理運営もすべてその目的に沿って行う必要があります。管理に関しても、売却を意識して行うのと意識しないで行うのとでは、結果に大きな差が出てきます。

売却（ゴール）から逆算して管理を行う

①アパートとして売る場合

売却（ゴール） ⟶ 入居率を高める
賃料を上げる（下げない）

②更地にして売る場合

売却（ゴール） ⟶ 入居者を入れない
定期借家契約の導入

◆高く売るために管理運営でするべきこと

収益物件の売却は大きくアパート（収益物件）のまま売るか更地にして売るかの二つのパターンがあります。しかし、一般的にはアパートのまま売るほうが圧倒的に多いでしょう。

アパートのまま売る場合には、入居率を上げることと賃料を上げることの二つが求められます。まず入居率に関しては空きが多い物件は売りにくいですし、売るとしても安くなってしまいます。一番よいのは満室の状態です。満室の状態であれば多少利回りが低くてもいいかなと思ってしまうのが人間心理です。

統計的なデータはないのであくまで当社の取引事例からくる感覚値ですが、満室の場合は空室が2割ある場合に比べ0・3～0・5％程度利回りが低く（価格が高く）売れています。

賃料を高くする理由ははっきりしています。収益物件として売るのであれば、価格の根拠は入居している賃料収入になりますので、高く入居させることが肝要です。賃料を1万円上げることは利回り10％で売却するとして120万円高く売れることを意味します。たかが1万円ではなく、120万円になるのだという意識が必要になります。

では、そのために何をすればよいのでしょうか。

たとえば、新規の募集では広告費を1カ月余分に払って1万円高い賃料で募集します。10万円（賃料1カ月分）の広告費で賃料が1万円上がれば120万円高く売れることになります。そうであれば広告費を1カ月分上乗せするのは効果的であるといえます。

次に、たとえば修繕をするケースです。ただ修繕をするのではなく戦略的修繕も行う必要があります。あくまでも高く売れるためにはどのような修繕を行えばよいかということです。300万円かけてリフォームをしたことによって売却価格が200万円上がったとしても、費用対効果で考えるとこのリフォームは利益を生んでいないことになります。コスト意識を持って、利益を最大化するための工事をピンポイントで行うことが重要です。

たとえば、同じ売却価格を300万円上乗せするための修繕でも、エントランスやエクステリアなどに絞った「見栄えを良くする工事」であれば、50万～100万円の工事費で同様の効果を得ることが可能かもしれません。また、少額の工事であれば修繕費として計上でき、即時償却できるため節税の面でもメリットがあります。

逆に、室内のリフォームは多少コストをかけてでも良いものにして賃料を上げる（もしくは下がらないようにする）ことで、全体の利回りをアップして売却価格を上げることができます。

この場合は、かけたコストと賃料の上げ幅から逆算される売却価格の上乗せ分を比較して、その上乗せ分が大きければリフォームを行うという判断ができます。

Q5

専任媒介と一般媒介、どちらで売るほうがよい？

収益物件を売却する際の不動産会社への依頼方法は、専任媒介と一般媒介、どちらのほうがよいのでしょうか？　専任だと一所懸命売ってくれそうな気がしますし、一般だと複数の業者にお願いできるので、早く売れそうな気がします。一長一短あるように思えて迷っています。

A ケースバイケースだが基本は専任

◆専任と一般媒介の違い

専任媒介契約と一般媒介契約の違いを簡単に説明します。専任媒介契約とは、売却を依頼するにあたりその一社のみにしか依頼しないという取引です。ちなみに専任媒介契約は二つに分かれ、専任媒介契約と専属専任媒介契約があります。専任媒介契約は自分で買主を見つけた場合は媒介契約を結んだ仲介を通さずに取引ができますが、専属専任媒介の場合はたとえ自分で取引相手を見つけても必ずその会社を仲介に入れなければいけないという違いがあります。

逆に一般媒介契約は複数社に売却を依頼する方式です。ここが大きな違いです。

それぞれに一長一短あります。専任媒介契約は一社独占のため、不動産会社は売却の依頼を受けたら必ずレインズに登録し広く周知しなければいけないという取り決めが宅建業法にあります。情報の囲い込みを禁止しているのです。逆に一般媒介契約はそもそも売主

両手取りと片手取り

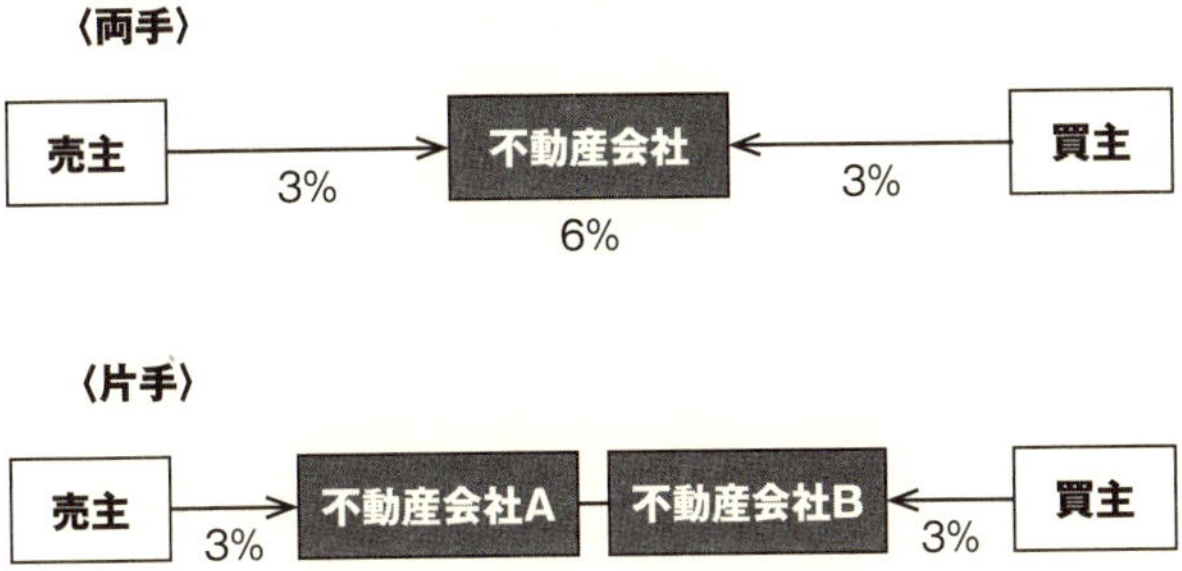

が幅広く仲介会社に依頼をかけているという前提に立っていますので不動産会社がレインズに登録する義務はありません。

また、専任媒介契約は売主に対して売却の進捗状況に関して、報告の義務を負いますが、一般媒介の場合は報告の義務を負いません。これも権限と責任のバランスでこのように取り決められています。

以上から分かる通り、情報がどちらが幅広く行き渡るかという点については違いはありません。専任媒介契約でもレインズを通して幅広く情報は行き渡ります。

違いは任せる相手が一社か複数かということです。そのため専任で任せる場合はその会社がよければよいし、悪ければ最悪の結果になります。

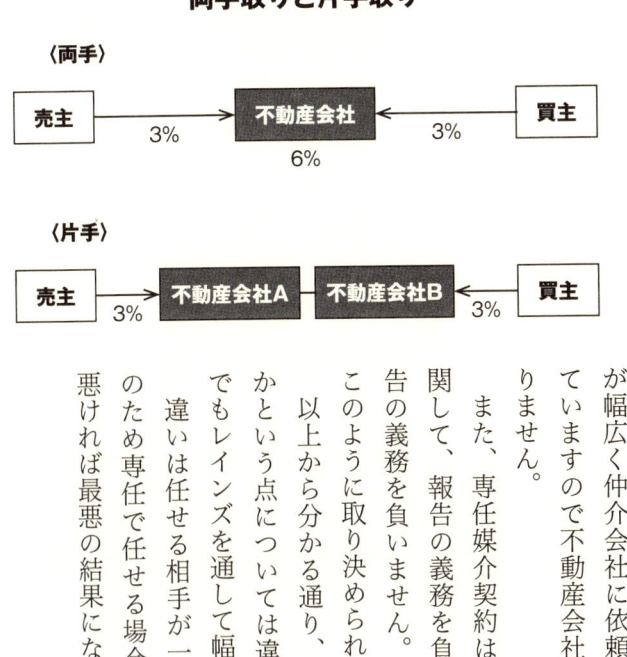

◆両手取引と片手取引

専任、一般にかかわらず不動産には両手の取引と片手の取引が存在します。両手の取引とは売却の依頼を受けた不動産会社が自分で買主も見つけてきて取引をするパターンです。この時の不動産会社の売上（いわゆる仲介手数料）は取引金額の6％となります（3％×2）。

片手取引とは売主から売却の依頼を受けた不動産会社とは別の不動産会社が買主を探して取引になるケースです。この場合の不動産会社の売上はそれぞれ取引金額の3％となります。そのため不動産会社としては当然両手の取引（6％）を目指しますが、実際に買主のお客さんを抱えているかどうかで事情は異なります。

◆不動産会社、売主の状況で判断する

では専任と一般どちらがよいかといえば、一概にはいえません。ケースバイケースです。

ただし、**基本は専任で不動産会社に任せたほうがよい**でしょう。なぜなら専任媒介のほ

うが任せられた不動産会社および担当者は一所懸命仕事をするからです。もちろんその会社の力次第なので会社の見極めが非常に大切になってきます。

この**一所懸命仕事をするというのは非常に大切**です。

定量的に話ができないのがもどかしいのですが、不動産の世界は金額も大きくリスクも高いのです。一所懸命あなたのために仕事をしてもらえるかどうかはとても大切です。

あなただけですよ、というのとその他大勢に声をかけていますよというのでは、当然動きが変わってきます。もっと言えば、専任媒介は必ず取引になる（売上が上がる）のに対して、一般媒介は必ずしも取引にならない（売上にならない）という点が根本的に違います。

ちなみに当社では一般媒介の契約はそもそも受けないようにしています。おかげ様で多くの取引を依頼いただいていることもあり、どうせ仕事をするなら信頼して当社だけと言っていただけるお客様の取引を優先したいからです。

また、売主（オーナーさん）の事情にもよってきます。忙しい方で何社も取引できないという方は当然専任で信頼できる一社に任せるほうがよい（任せざるを得ない）でしょうし、時間に余裕があり何社とも話をしてみたいという方であれば一般媒介で取引を依頼し

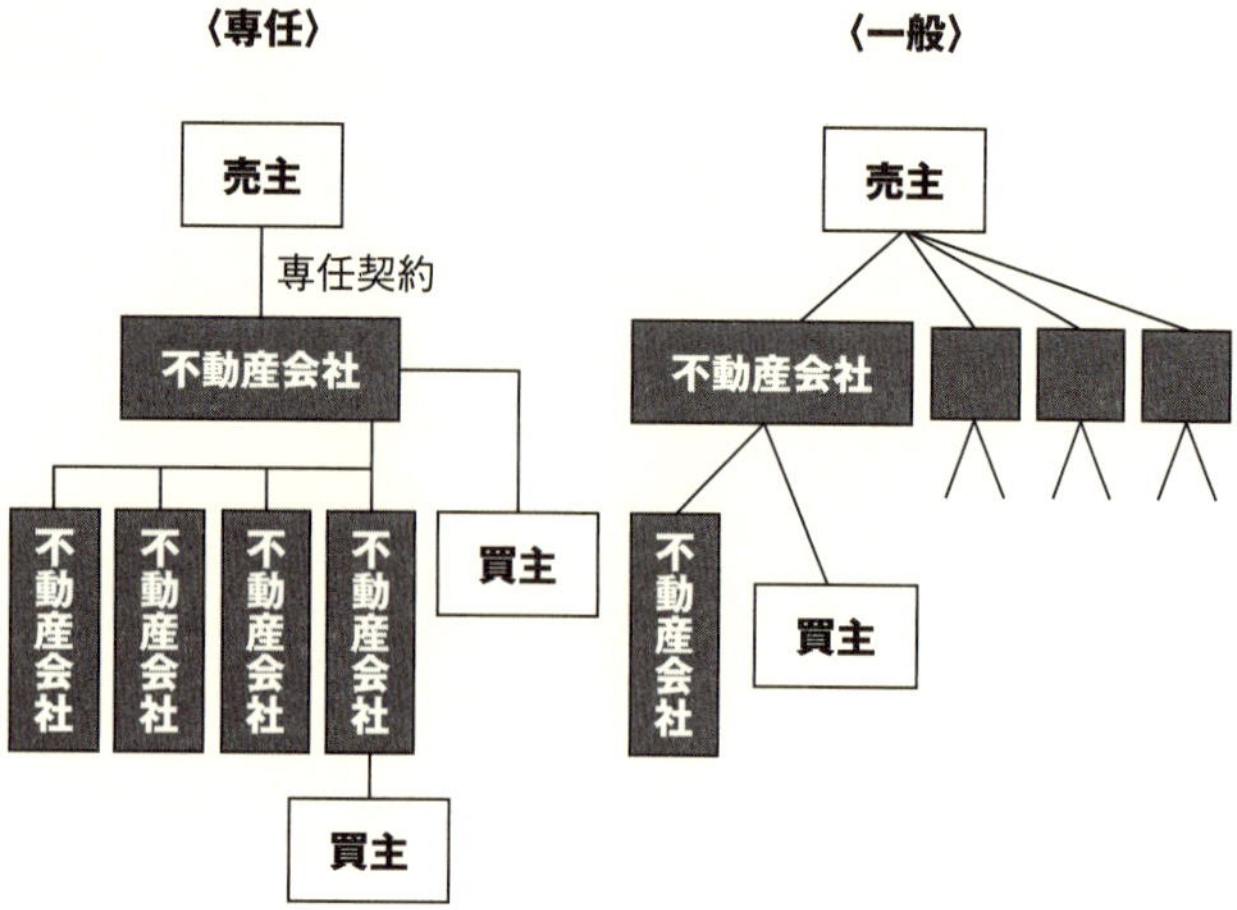

たほうがよいでしょう。

また、よくあるケースですが、あまり表に出したくないというケースもあります。この場合は直接の買主を多く抱えている不動産会社に依頼するのがよいでしょう。レインズ等に出さずに直接の買主（お客様）だけに紹介してもらうというケースです。この場合は、イレギュラーなのですが、専任で依頼するとその不動産会社はレインズに登録をしなければいけないので一般でその会社に信頼して専任と同様一社という形でお願いするのがよいでしょう。

Q6

手残りを最大化する売り方とは？

収益物件の売却にあたっては、最後に残った譲渡益に税金がかかってきます。最終的な手残りを最大化する売り方とはどのようなものでしょうか？

A 不動産に詳しい税理士は必須。最大の節税効果を考えながら売却する

◆売却にかかる税金

収益物件活用では、帳簿（会計）上の利益よりも、最終的に手元にいくらの現金が残ったかというキャッシュフローが重要です。無事に売却できたとして最後に問題となるのが、売却にかかる税金です。せっかく努力して最大限高く売ることができたとしても、税金が予想以上にかかってしまって最終的な手残りが少なくては意味がありません。**収益物件活用による手残りを最大にするためには、税金に対する理解が必須**になります。

物件を売却した場合、売却金額から簿価を控除し、さらに売却に要する費用を控除した利益に対して課税されます。

売却金額－簿価－売却に要する費用＝利益←課税

簿価とは、取得価格から毎年建物と設備の部分を減価償却していったその残額です。また、売却に要する費用とは、仲介手数料や売買契約書に貼付する印紙代などになります。

つまり、減価償却が終わった総額1億円（内、建物価格5000万円）の物件が1億円で売れた場合、単純に売却金額1億円－購入金額1億円＝0で利益はゼロ、ではなく所有している間に減価償却していた建物分（5000万円）が簿価では引かれていますので、売却金額1億円－簿価5000万円＝5000万円、この5000万円から売却に要する費用を引いたものに課税されるということです。減価償却で数年にわたって繰り延べしてきた利益に、ここで課税されるわけです。

課税の税率は、取引主体（法人か個人か）および保有期間によってその税率が異なります。

◆総合課税と分離課税

日本の税法は複雑で、その取引主体が法人であれば、他の所得と合算される総合課税となり、その取引主体が個人であれば他の所得と分離して課税される分離課税方式となっています。

◎法人の場合

法人で取引を行う場合には、物件の売却利益、損失はその法人の他の所得、損失に合算されますので、物件の売却で利益が出れば、本業の損失と合算することができます。逆に物件の売却によって損失が出るようであれば、本業の利益にぶつけることで利益を圧縮することができます。

その法人が不動産業でなければ、物件の売却は売上ではなく、固定資産の売却になりますので、特別利益・損失の扱いとなります。

繰り返しになりますが、出口をコントロールして、最大の節税効果を狙いながら売却できることが収益物件活用の大きなメリットです。本業の経営状況に連動させるかたちで売却を行うことで、経営の安定化が図ることができます。

◎個人の場合

一方、取引主体が個人の場合は、分離課税となります。

先述した通り保有期間によって税率が変わります。5年超保有すれば長期譲渡で税率は約20％で済みますが、5年以内の保有だと短期譲渡として倍の約40％が課税されます。

不動産の売却にかかる税金は他の所得と切り離して考えられるので、年収が1億円の人でも500万円の人でも、収益物件の売却益5000万円にかかる税金は一律で1000万円（長期譲渡の場合）です。

これは、株式の配当や利子所得と同じ考え方です。高額所得者でも、その所得と合算されることはありません。

たとえば、1億円の所得に収益物件の売却益5000万円が合算されて、合計1億5000万円の所得に対する課税とはならないということです。そのため、**個人の所得が高額な人ほど個人所有の不動産の売却は効率がよい**といえます。

◆不動産に強い税理士をパートナーに

不動産に関わる財務は複雑なので、個人と法人での税率の違いや、減価償却費の扱いなどを理解し、自分にとって最良の方法を選択する必要があります。

不動産というのはある意味で特殊な分野ですので、税理士の中にも慣れている人とそうでない人がいます。そのため、不動産に精通した税務の専門家（税理士）の協力が不可欠です。

オーナー社長などであれば、自分の会社の顧問税理士に相談するのもいいですが、不動産に不慣れなようであれば、収益物件活用に関しては、別の税理士に依頼することをおすすめします。

実際当社で取引させていただいているオーナー社長の方々では、本業の税理士と不動産の税理士を分けていらっしゃる方もたくさんいます。その場合は、当社の取引先の税理士をご紹介させていただいています。

不動産は金額も大きく、また初期設定（減価償却にまつわる建物価格、設備価格等）については取り返しのつかない部分です。多少のコストが生じても十分に元は取れるので、専門の税理士と顧問契約を結び、収益物件活用における税務面を全面的にバックアップしてもらう必要があります。

◆平成21年度、22年度に土地等を取得した場合の譲渡益課税の特例

不動産に関わる税務知識が重要である一例として、「平成21年度、22年度に土地等を取得した場合の譲渡益課税の特例」について紹介します。

◎平成21年度、22年度に土地等を取得した場合の譲渡益課税の特例

1　特例のあらまし

個人が、平成21年中に取得した国内にある土地又は土地の上に存する権利（以下「土地等」といいます。）を平成27年以降に譲渡した場合又は平成22年中に取得した土地等を平成28年以降に譲渡した場合には、その土地等に係る譲渡所得の金額から1000万円を控除することができます。譲渡所得の金額が1000万円に満たない場合にはその譲渡所得の金額が控除額になります。法人の場合は、その譲渡の日を含む事業年度にお

手残りを最大化するためには
税金のコントロールが必須
不動産に詳しい税理士に依頼しよう！

例）

売却方法	税率
短期譲渡	40%
長期譲渡	20%

※他に復興特別所得税がある

総合課税≠分離課税

いて損金の額に算入（所得の特別控除）することが認められます。

分かりやすく説明すると、平成21年および平成22年に取得した土地は、長期譲渡所得については個人・法人ともに1000万円までは税金がかからない特例があるということです。ただし、この特例を受けるためには、土地等を譲渡した年分の確定申告書に、この特例を受ける旨を記載するとともに、所定の書類を添付することが必要になります。

また、この特例が適用されるのは土地の売却益のみで、建物の売却益は算入されません。購入の際に減価償却狙いで建物割合を多く取っている場合は、逆に売却の際は土地の割合を多くして消費税を減らすとともに、土地で1000万円以上の譲渡益が出るようにすると最大限のメリットが受けられます。

あくまでも一例ですが、この特例を知っているかいないかだけで、同じ土地の売却で納める税額が個人の場合は最大約２００万円、法人の場合は最大約４００万円も変わってくることになります。

このように、通常の税務だけではなく不動産独特の税務にも精通している税理士がいれば、さらに手残りを増やす売り方が可能になるのです。

Q7

中古建物として売るか、更地にするかの判断基準は？

収益物件の売却にあたって、そのままアパートとしてオーナーチェンジで売るのと、更地にして土地として売るのでは、どちらのほうがよいのでしょうか？　見極める判断基準を教えてください。

A 収益性と資産性、どちらの価値が高い物件かで判断する

◆収益物件（アパート）のまま売るか、更地にして売るかの判断基準

一棟ものの収益物件の出口としては、大きく二つの方法があります。収益物件（アパート）を収益物件（アパート）として売るか、もしくは建物を解体して更地にして売るかです。

どちらがよいかは、その物件の特徴によって判断します。

ただし、**一般的には収益物件（アパート）のまま売るのが原則**です。なぜなら日本においては入居者を退去させることはとても大変なことだからです。よっぽどの事情がない限り収益物件として売ることになります。

収益物件としての売り方については先述の通りですのでここでは割愛します。賃料を高くすることと入居率を上げることが大切であると述べました。

では、更地にして売ったほうがよい場合はどんなケースでしょうか？

これはその物件から上がる賃料収入は少ないのだけれども、土地が広いケースです。図を見てください。500坪の土地に2階建て4世帯のアパートが立っています。年間の賃料収入は500万円です。土地は坪当たり100万円の場所ですので土地値が5億円となります。

収益性が8%で売れる地域だとするとこの物件の価格は6250万円（500万円÷8%）となります。しかし、土地値が5億円ありますので、この物件の価値は5億円になります。ただし、更地であればという条件です。更地であれば、買主は自由にこの土地に自宅を建てたり事務所を建てたり活用できますが、アパートが立っていては何もできません。このような物件は更地として売ったほうが高く売れるということです。

この物件の価値は

物件価格　＝　更地価格（土地値）　−　入居者退去費用　−　建物解体費用

となります。

原則は収益物件で売るべきですが、このような例外の場合もあるということで、自分の物件がどちらなのかを理解しなければ、最適な売り方も分からないということです。

更地で売却したほうが高いケース

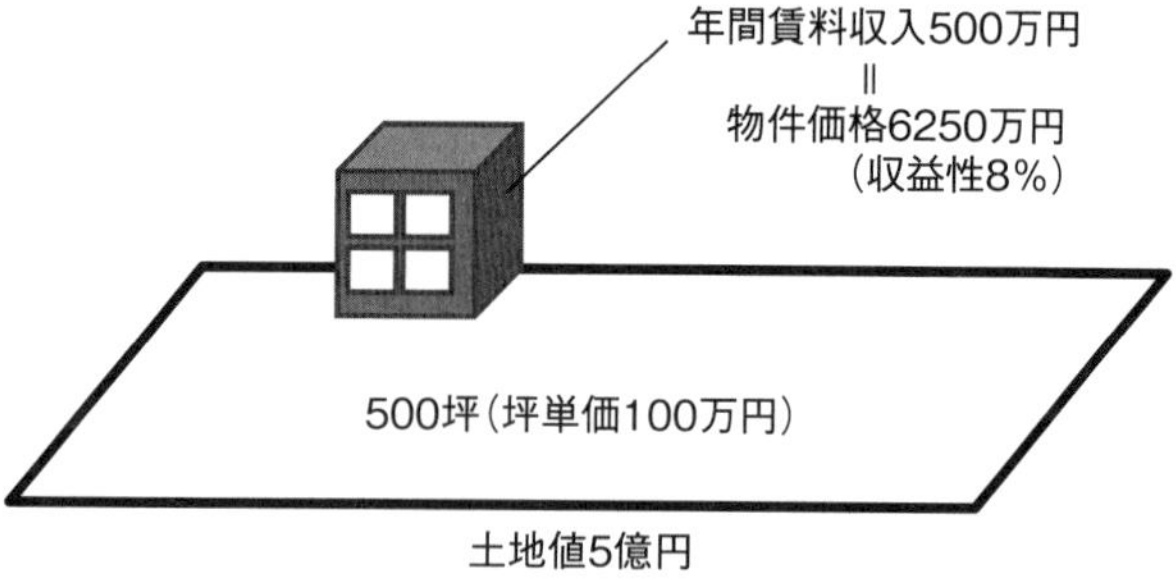

このように資産価値（土地値）の高い物件は、取り壊しのためには入居者がいないほうがいいのですから、新規の入居者を入れないだけではなく、既存の入居者にもトラブルなく出ていってもらう必要があります。

現場で取引をしていると、これを理解せずに真逆の行動をとっている売主を頻繁に目にします。特に多いのが、「収益性の物件」にもかかわらず、入居者を一所懸命出してしまって売ろうとしているケースです。これでは、せっかくのアパートの価値を損なってしまいます。

同様に、資産価値がある土地なのに、安アパートが立っていて入居者がいるために、高く売ることができない物件も多くあります。**購入時から出口のイメージを描き、その出口に合った管理運営をしていくことが重要**です。

◆収益物件を更地にするためにするべきこと

資産価値（土地値）の高い物件で、更地にして売りたい場合、厳密には、更地にするためのコストが減額要因となってしまいます。更地にするためのコストとは、主に入居者の退去費用や、建物の解体費用などです。

日本の借地借家法においては入居者が強く保護されています。通常、賃貸借契約では、オーナーさんの都合で退去してもらう場合には、入居者に引っ越し代を支払わなければなりません。立退料が必要な場合もありますし、さらには、入居者が立ち退きを拒否して、いつまでも出ていってもらえないというリスクもゼロではありません。これでは、売るに売れなくなってしまいます。

コストをかけずに入居者に退去してもらう方法としては、定期借家契約があります。**売却を考える場合には、売却予定の時期に合わせて定期借家契約を早い段階から導入するべきです。**そうすることによって、定期借家の期限がくれば、自動的に退去してもらうことが可能となります。

更地にするにあたっては建物の解体ではなく、入居者の退去が最も手間もお金もかかる

ということを念頭に物件の運用を行う必要があります。

そして、このように出口を考えた場合は賃貸管理が重要になります。一朝一夕でできるものではありませんので時間をかけて出口を意識した管理運営を行える管理会社の選定が必須です。

Q8

オーナー社長にとって最適な売却タイミングとは？

私は自分で会社を経営しています。節税目的で収益物件を購入し減価償却は終わりましたが、満室なので、このままインカムゲイン狙いで長期保有したいと思っています。いずれは売却して利益を確定することになりますが、オーナー社長にとって最適な売却タイミングはいつでしょうか？

A 本業がピンチのときがベスト

◆収益物件はオーナー社長に最適

生命保険やリースなど、節税に使えるツールは他にもありますが、最もオーナー社長に適しているものは収益物件です。

その理由は、**運用の自由度の高さ**です。個人で取得すれば、減価償却を使って高い税率の所得税を圧縮できるうえ、物件によっては現金と比較して4〜5割も評価が下がるので、効果的な相続税対策にもなります。また法人で取得すれば、法人税の節税で現金を手元に残し、経営資金に回せます。そして節税装置として所有しておきながら、イザというときには売却して現金化できる益出しの自由度も経営者にとっては魅力です。

生命保険やリースでは、節税はできても売却タイミングがあらかじめ決まっているので、収益物件のように本業の浮き沈みに合わせて売買するなどの、柔軟な対応ができません。

減価償却の終了に合わせて物件を入れ替えたり、買い増したりするのも一つの方法ですが、オーナー社長の場合は、本業の業績悪化、そして増税というリスクに備える「転ばぬ先の杖」として、キャッシュフローを得ながら長期保有するメリットも大きいものです。毎月決まった時期に、決まった額の収入が見込めるというのは、精神的な安心感やゆとりにもつながります。

◆本業がピンチのときの売却

また、何らかの事情で本業が不振に陥ったりした場合は、収益物件を売却することで手元資金を確保したり、本業収入の落ち込みを穴埋めして赤字を回避したりできるため経営が安定します。

本業の赤字にぶつけて売却することで、本業を助けると同時に、減価償却で繰り延べていた収益物件の譲渡益にかかる税金が赤字と相殺され節税にもなりますので、一挙両得です。その意味では、オーナー社長にとっての最適な売却タイミングは「本業がピンチのとき」といえます。

会社の経営というものは、景気の動向、為替、コストの変動など様々な要因によって業績が左右されるものです。そのため、それぞれの会社の事情に合わせたきめ細やかな物件取得、管理、修繕計画、出口戦略を立案していくことが重要です。

◆本業が好調なときの売却

逆に本業が好調で利益が出すぎたときにも使えます。もちろん、本業がピンチのときに収益物件で救うというのがベストではありますが、逆の使い方もあるというのをご紹介いたします。

簿価が残債を上回っているケースで使える手法です。当社でもこの手法で経営されている方をお手伝いしたことがあります。これは

本業が好調なときの売却

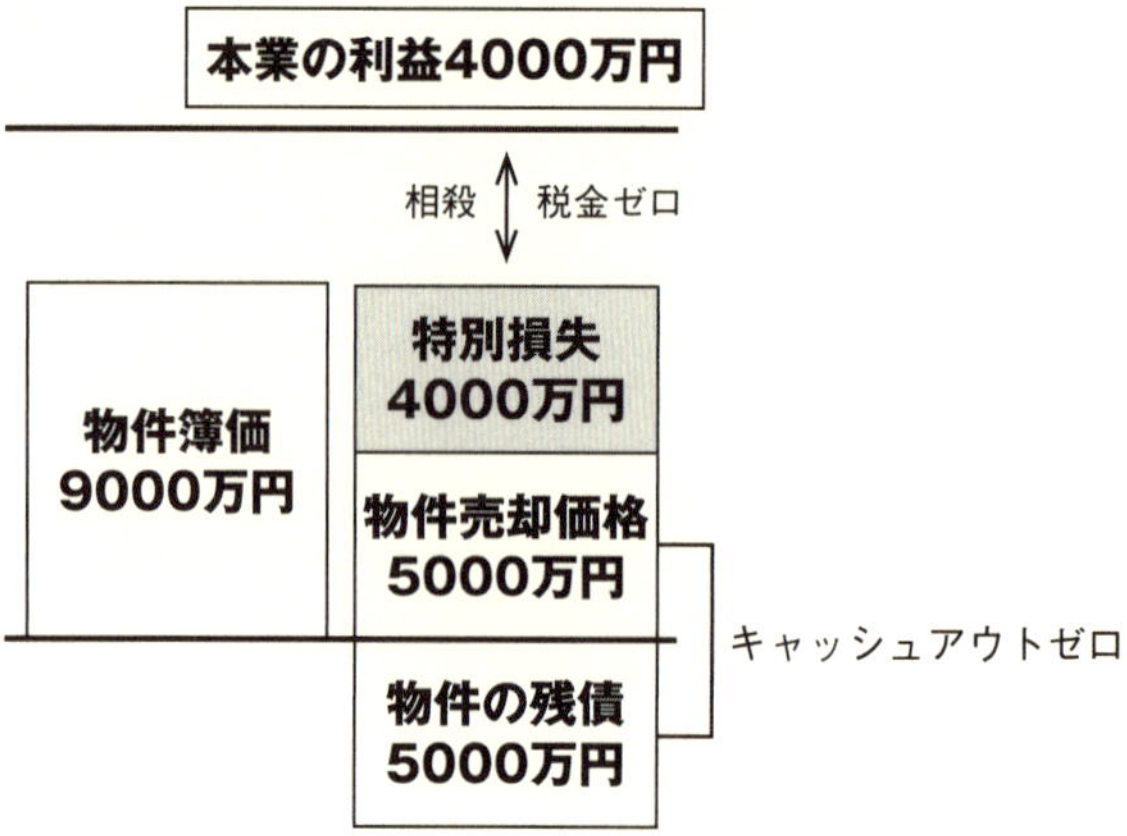

相場にもよるのですが、減価償却をあまり取らないでイザというときに取っておく運用方法です。

たとえば、1億円で物件を取得し土地建物価格のうち土地の比重を大きくして減価償却を取らないようにします。10年後残債が5000万円、簿価が9000万円になっているとします。毎年賃料収入を得ているので毎年のキャッシュフローはプラスです。

この年に本業の会社で税引前利益が4000万円出て、かつ法人で税金を払えない事情があるとします。そして、不景気のため不動産の相場が大きく下がっているとします。物件の相場が5000万円でしか売れません。しかし5000万円で売ることができればキャッシュアウトはゼロでかつ4000万円の特別損失を取ることができます。その損失は本業の利益と相殺されて利益はゼロになりますので大幅な節税効果があります。

このように本業が好調なときにも利用することができるのが収益物件の利用の特徴です。つまり、**時期を自由に調整して本業の状態に合わせて活用できるのが収益物件の大きなメリット**です。

◆IRRの考え方　将来のお金より今のお金

収益物件は売却をもって利益が確定する、と繰り返し述べていますが、その利益は絶対額ともう一つの指標であるIRR（内部収益率）という指標によって示されます。収益物件は本業の業績や市況の状況に応じて利益を最大化する売却戦略を立てやすいという特徴がありますが、絶対額としていくらの利益が出たかという考え方とともに、IRRでの利益を把握することで、投資効率を上げることができます。特にオーナー社長にとっては、把握しておくべき指標でしょう。

IRR（内部収益率）とは、投資に対する収益率を表すものです。簡単にいうと、**1年後の1000万円と10年後の1000万円は価値が異なる**という考え方です。当然ですが、1年後の1000万円のほうが価値は高いとされます。早く資金を得られればその資金を次の投資に充てたり、本業の運転資金に充当したり、他の収益物件を取得することも可能です。

一方、10年後にしか1000万円が入らない投資ではどうでしょう。その間に別の投資を行うためには、新たな資金が必要になります。自己資金を使うか融資を受けるかですが、

IRRの考え方

A、Bともに1000万円投資し、最終的に1110万円回収する

	現在	1年目	2年目	3年目	4年目	合計
A	−1000万円	700万円	300万円	100万円	10万円	1110万円
B	−1000万円	10万円	100万円	300万円	700万円	1110万円

IRR（内部収益率）では、AのほうがBよりも優れている！

借り入れを起こした場合には金利も発生します。

このように、同じ1000万円というリターンが得られる投資でも、リターンを手にする時期がいつかによって、価値が変わってくるのです。

例として上の表をご覧ください。

AとBはともに1000万円を投資して、4年間で1110万円を回収できるモデルです。このケースにおいては投資金額および回収金額は同じですが、回収のスピードに違いがあります。Aは2年目で1000万円回収できており、再投資を行うことも可能です。一方Bが1000万円を回収するには、4年目まで待たなくてはなりません。この場合、より早く投資回収しているAのほうが投資効率の面で優れているといえます。

Q9

売却せずに長期保有する場合、その後の運用のポイントは？

収益物件の運用が順調な場合は、必ずしも売却を考えなくてもよいものなのでしょうか。同じ物件を長く保有し続けることで、何かデメリットがあるのでしょうか？

A 安定した利益と節税効果を得ながら、物件を買い増していく

◆必ずしも「出口戦略」は必要ではない

収益物件活用の利益最大化できる運営モデルとしては、できるだけ短期間に減価償却を取り、同時にインカムゲインを得て、減価償却が終わったら最後は出口戦略（売却）によって売却益も得る、しかも節税効果が最大化する長期譲渡になったタイミングで売却する、という流れになります。

しかし、物件を売ってしまえば収入はなくなってしまいます。同じような条件の物件を売却のタイミングで買えるという保証はありません。

そこで長期間にわたって収益物件を保有し続けるという選択肢もあります。細く長く収益を得ていくということです。毎月賃料収入を得ていくというのは収益物件活用における最大のメリットです。何よりも安定収入になります。

一般の方々が収益物件を活用するにあたって最大のメリットはいつまでに売らなければ

いけないという制約がないことです。つまり、キャッシュフローが回っていて、特に売らなければいけない理由もないのであれば、長期所有してインカムゲインを得ていればいいということになります。

必ずしも売却しなければいけないということはなく、あくまでも利益確定、および最大化のために能動的に売却をするということであって、売却を必ずしなければいけないというものではないということです。

一方、市場では出口戦略が必要な人々もいます。

ファンドや転売を目的として短期の資金調達を行う不動産会社といったプロの人々です。投資家からお金を預かって一定期間内に元金を償還（利益確定）するファンドの場合であれば、5年後に預かった元金を償還するには換金化、つまり物件の売却が必要です。このようなファンドの運用においては、5年間のファイナンスを引いている（5年後に返済するという条件で借り入れをしている）ため、ファイナンス面からも売る必要があります。

しかし、本書の読者の場合は、基本的には、20～30年の長期で融資（アパートローン）を受けていて、急いで返す必要もないはずです。

保有している期間中に、高く売れる市況となったときに売却という選択をすることは有効ですし、先述した通り、本業の業績が落ち込んだり他の収益物件の修繕がかさんだりして、業績が落ち込んだタイミングにぶつけて譲渡益を相殺する方法もあります。

◆物件を増やし賃料収入を増やす

また、減価償却が終わった物件を長期保有しながら、追加で物件を取得することで、さらに数年間課税を先送りする方法もあります。つまり木造物件であれば取得から4年経過後、減価償却が終わった段階で同じように短期で償却できる木造物件を再び取得するのです。

この追加取得のタイミングでは1棟目の物件が利益を生んでいる状態ですので、追加取得分の費用はその利益と相殺されるため赤字幅は1棟目ほど大きくなりませんが、利益を出さない、もしくはできる限り抑えることは可能です。

たとえば、1棟目の減価償却が終わる5年目以降、利益が6００万円出るとします。このタイミングで同じ規模の物件を取得することで、利益が50万円の赤字にまで大幅に圧縮されます。これが追加取得による利益の先送りです。もう少し規模の大きい物件を取得すれば、この利益をさらに減らすことも可能です。

さらに2棟目の物件の減価償却が終わる時期に3棟目を購入、というようにどんどん物件を追加取得して利益を先送りしていき、賃料収入（キャッシュフロー）を拡大していくことができます。

また時間の経過とともに残債も減っていきます。ある時点では完済します。そして**不動産からのキャッシュフローで生活できるレベルまで行けば人生が安定していく**はずです。

賃料収入ほど安定した収入はありません。変動が少ないからです。

長期保有による安定賃料収入を一定レベルまで目指すというのは「人生の安定」を得る上で非常に理にかなった活用方法です。

おわりに

収益物件の活用を日々の取引現場やセミナー等でよく質問される内容を中心に50のトピックに絞り解説してきました。

お分かりいただきたかったのは、収益物件は難しい一面はあるものの、活用の仕方によっては非常に多くのメリットがあることです。他の金融商品にない大きなメリットがあります。また他の金融商品と違って正しいやり方をすることによってある程度そのリターンをコントロールすることができます。

正しいやり方を知っているかどうか、もしくは正しいやり方ができる人を見つけられるかどうかにかかっています。

おかげ様で収益物件の取引の現場に携わらせていただき10年が経過しました。この間、多くの取引を経験させていただいたとともに、この市場自体が拡大し成熟してきました。しかし、まだまだ株式等と比較すると未成熟の市場だと感じています。プレーヤーのレベルの問題、一般の方々の認識不足の問題等々、多くの問題を抱えています。

この未成熟な市場で私および当社が一つの基準（スタンダード）を確立できればと感じ

ています。それこそがこの仕事に携わらせていただいている使命だと感じるのです。

その基準に則って活用することによって必ずうまくいくという基準です。それこそが当社の使命であるお客様の「人生の安定」に貢献することになります。そして業界全体がレベルアップし、皆様が安心して収益物件を活用できる社会が来れば、より人生に余裕をもって前向きに取り組むことができる人が増え、日本全体が活性化すると確信しています。

まだまだ道半ばですが、それを目標に今後も情報を発信していければと考えております。

最後までお読みいただきまして誠にありがとうございました。

平成28年7月

大谷義武

装丁：萩原弦一郎

プロフィール

大谷義武（おおやよしたけ）

昭和50年、埼玉県熊谷市生まれ。東京大学経済学部卒業後、三井不動産株式会社に入社。同社にて商業施設（ショッピングセンター）の開発・運営業務（用地取得業務、テナントリーシング等）、オフィスビルの開発・運用業務等、最先端の不動産業務に携わる。平成17年12月に同社を退社し、さいたま市において有限会社武蔵コーポレーションを設立（その後、株式会社に改組）。オーナー社長をはじめとする富裕層に対して収益用不動産（賃貸アパート・マンション）を用いた資産形成のサポート事業を展開。設立以来、600棟、700億円の一棟ものアパート・マンションを取引。また、販売後の賃貸管理にも力を入れ、独自の手法（プロパティマネジメント）により管理戸数8000戸、入居率96%以上を維持している。既存顧客（個人投資家）のための情報共有・交流の場として「武蔵コーポレーションオーナーズクラブ」を主宰する。

利益と節税効果を最大化するための
収益物件活用Q&A50

2016年7月29日　第1刷発行
2016年8月2日　第2刷発行

著者　　大谷義武
発行人　久保田貴幸

発行元　株式会社 幻冬舎メディアコンサルティング
〒151-0051　東京都渋谷区千駄ヶ谷4-9-7
電話03-5411-6440（編集）

発売元　株式会社 幻冬舎
〒151-0051　東京都渋谷区千駄ヶ谷4-9-7
電話03-5411-6222（営業）

印刷・製本　瞬報社写真印刷株式会社

検印廃止

ISBN 978-4-344-97441-8　C2033
幻冬舎メディアコンサルティング HP
http://www.gentosha-mc.com/